U0565412

写材料算怎么回事

公文写作模板

万华 著

上海三联书店

目录

读者

自序 1
我还在省政府办公厅写材料

网友向老万提得最多的一个问题：
报考公务员什么部门好？什么职位好？
选调生进省直机关好不好？
工作压力如何？写材料任务重不重？
老万在省政府办公厅工作二十多年，
觉得这样的问题很有挑战也很有吸引力。
现在，深吸一口气，预备——开始回答！

按写材料频次和对文稿质量要求划分，
不管怎么排，这几个部门肯定是第一梯队：
办公厅（办公室）、研究室、发改委。
只分析政府部门，党的部门老万没待过。

先说研究室（政策研究室）。
研究室是一个为写材料而生的部门，

写材料是它存在的全部理由，
它的所有工作过程、工作成果的表现形式，
全都以文字材料呈现。比如，
研究室群策群力完成《省政府工作报告》，
所谓群策群力，就是好多人写这一篇稿子，
以前是要被集中到招待所、带上换洗衣服关起来写的，
现在情况不太了解，反正以前是这样的。
辛苦一番之后，会议开得很圆满，
当然每次都很圆满！不圆满的我没遇到过。
会后，省报上会刊登一篇专稿，题目大致是：
《发扬民主、汇聚民智——省政府工作报告诞生记》。
用一篇几千字报告，回顾总结报告起草过程，
这有点像睡回笼的觉、喝醒酒的酒，
也像剧烈运动后的放松运动。
不过，这好像也是早前的事，
我印象中，近些年省一级写诞生记少了。

嗯？稍等一下！发扬民主、汇聚民智，
这个提法准不准？好像还要斟酌，
算了，不抠字眼了，反正就那么个意思。

像政府工作报告这种特别大的、
特别综合的材料，一年只有几个，
平时还会找些题目搞调研、做课题、写专报，
就像士兵每天出操，拳不离手曲不离口。
什么是专报？我后面会说，
老万第一本书的一小半内容分析专报。

发改委为什么写材料特别多？
因为它管的事比别的部门多，地位也高，
当然，地位和办公厅不相上下吧。
关于发改委地位高这一点，
在它成立之初起点就高，衔玉而生。
五十年代国家计划委员会成立，那是发改委的最前身，
管着十多个部委，差不多半个国务院。
它的一把手不是部长，而是主席，国家副主席！
现在，从发改委写材料的工作量看，
它又有"第二办公厅"的外号。

之所以先说研究室和发改委，
因为我毕竟没在那两个部门干过，

 计划委员会

也就这些道听途说、浮皮潦草的了解，
深一脚浅一脚的说多了露怯，
说过就算，丢一边去了。

✕ 公蚊不咬人 ···

发改委

　投资者：我想投资汽车充电桩项目，不知道找谁咨询？

　发改委：凡涉及固定资产投资的都归发改委管。

　投资者：今后充电的收费标准找哪个部门核定？

　发改委：发改委内设物价局。

　投资者：我的方案是充电桩与加油站配套建设，涉及加油站项目不知道归哪个部门管？

　发改委：发改委里面有个能源办。

　投资者：请问，有没有不归发改委管的事情？

读到这里，有的网友应该看出来了，
我的回答比很多网友提的问题窄了许多，
一知半解的不敢说，避免误导。
以上就当戏说，下面切入正题：办公厅

 办公厅

办公厅文字岗位的工作可以繁重到什么程度?
我这表述是比较中规中矩的,
要换成年轻人在 B 站弹幕,那可能是:
办公厅文字岗位累到让人变态!

以省政府办公厅某个处室为例,
对了,你可能听说过省政府办公厅的架构,
有秘书一处、二处直到五处、六处吧,
每个处对应一个工作条线,也叫大口,
名称大概城建处、农业处、综合经济处之类,
我下面要说的某个处,你就当二处或三处吧,
他们当中的写材料岗位的文秘,
平时做什么、写些什么样的文字材料?

每位副省长都配了一名文字秘书,
非常顺理成章吧?其他事务另外有人打理,
日理万机的省领导,有几个助手很正常,
一个五线明星都好几个助理呢。
省长和副省长不是一回事,我只说副省长,
副省长的几乎全部会议和调研考察活动,

🔊　大口 ▸　　　　　　　　　😃 ➕

一对一服务的这个文字秘书小青年都跟随参加。
当然,研究人事等机密会议要回避,
还有,省委常委会也不参加。
对了,只能是小青年,年纪大了不行,
体力根本跟不上不说,还容易闹误会,
搞混谁是领导谁是跟班,挺尴尬。

副省长的日程总是排得很满,
上午有会,下午有会,中午和晚上也经常有会,
星期六保证不休息,星期天休息不保证。
为什么会多,这个话题太大,写起来跑题。

副省长每次开会前,文秘可能需要写:
(1) 领导讲话稿,或者把领导要讲的事项,
列出比较详细的**(2) 讲话提纲**,
老万从没见过名称叫"讲话稿"的材料,
只看见过讲话提纲,没有讲话稿,
写得再细、再全,完全照念的也叫"提纲"。
当然,也有的领导风格不一样,
需要只剩下纲纲杠杠的真正的提纲,

🔊　提纲 ▸　　　　　　　　　 ➕

昨天会上领导说，办公室准备了稿子，但我他准备念，这是咋回事？

领导有新想法，上级有新精神。各种可能都有。

喜欢临场大段大段发挥，不想念稿子。
会前准备细到什么程度，取决于领导风格。
会中，要做笔记，重要会议需要录音。
会后，可能需要写（3）会议纪要，
这属于狭义的公文，也是15种公文之一，
有行政效力的，下面人拿去照办的。
或者写（4）会议信息，这个虽然属于参考资料，
但要刊登在当天的省政府简报上，
用于向省委书记和省长两个一把手汇报，
也包括向其他副省长通气。
请注意！是当天的简报，
所以，会议信息必须当天写完，

还要完成层层修改审核、符合刊登要求。
有的会议可能还需要写（5）会议专报，
常见的专报大概两三千字的篇幅，
会议信息，短的三五行，长的一两页纸。

专报这种文体，不在机关的人比较陌生，
看过老万第一本书的网友除外。
专报是信息简报的一种，
专为一件事而写，所以叫专报，
它比会议信息的实际作用大一点，
它有而且只有内部布置工作的效力，
对行政相对人没有效力。
专报的作用之一也是向书记省长汇报情况。

听到这里，你会不会问出这样的问题：
为什么需要那么复杂？
副省长开完会不能顺便向省长口头汇报，
而是必须写成书面材料？不怕把文秘给累着？
如果你理解为文牍现象甚至官僚，

那就失之于片面，原因我稍后解释。

碰上一个特别特别特别有事业心的副省长，
请注意，我用了3个"特别"，不是恭维，
我眼见和耳闻的省部级干部事业心普遍特别强，
还可能安排跟班小青年研究中长期问题，
这个被称为"专题调研"，
专题调研的成果就是**（6）调研报告**。
写调研报告不能闭门造车，
要开座谈会、要访谈、要查国内外资料，
只能自己挤出时间干，见缝插针干，
专等副省长不开会或出差出国的空隙才能干。
说到出国，顺便提一嘴，
副省长出国与写材料文秘基本不相干的，
公务员出国频次有严格限定，
年轻公务员要好多年才能轮上一次。

为副省长提供文字服务，还有一种情况，
副省长认为下面单位报给他的材料不行，

思路不行，或者意思对、但文字表达不行，
他会让文秘**（7）修改各类稿子**，
这种修改不是润色，不像合资汽车每年的小改款，
是从发动机到底盘一起另起炉灶、推倒重来。

省政府办公厅、老万所在的这个处，
文字岗位的小青年所要写的文字材料，
常规的、常用的大致就这些品种。
当然，还有一些品种的文字材料我没提，
有的是一处写，还有几个别的处也没闲着。

刚才来不及解释的一个问题，现在解释，
向书记省长汇报为什么要书面而不是口头？
我估计乡镇大概是可以口头的，不过！
我没在乡镇干过说错了不负责任啊！
副乡长开完会，一迈腿进了乡长办公室，
可能门也不用敲，也可能门就一直敞着。
副乡长三言两语 Duang！Duang！Duang！
说完结束，为文秘省下一篇专报——

中长期问题 ▶ 😊 +

推倒 ▶

· 5 ·

文秘阿弥陀佛今天可以准点下班!
会不会嗓门大的副乡长,在走廊吼几句,
领导班子全听见了,算是班子传达了,
这很像分布式记账,不就是区块链吗?喔耶!

传达基本靠吼?其实这都是想当然!
乡镇可能也不是这样的,更何况省?
你以为省长每天坐办公室等着副省长来汇报?
像专家门诊似的进去一个出来一个?
其实,副省长要与省长碰头也不方便,
省长的会比副省长还要多好吧!

为什么要书面材料汇报?其实是因为,
书记省长可能需要一个落笔的载体,
正职对副职的协调意见或对这项工作本身,
可能还想发声音、做批示,没材料就无处落笔。
更重要的是,会议明确的事项还得传达抓落实,
没有书面材料,难道层层都口口相传?

 发声音

✕　公蚊不咬人　⋯⋯

政策研究室

(校园招聘)

学生:请问政策研究室是干什么的?那么多政策都是你们研究起草的吗?

ＨＲ:我们一般不起草具体政策。

学生:那你们做什么?

ＨＲ:我们给所有的政策指方向、定调子、出思路、提建议,我们研究的是制定政策的总政策。

学生:那平时主要做什么?

ＨＲ:写材料。

学生:谢谢啊!我到其他摊位转转再过来。

再了解一下,为副省长提供文字服务的文秘,
他每天工作的节奏大致是什么样:
当天要完成的几百字或千字文的短材料,
每天少则一两篇、多则四五篇,

 千字文

这完全取决于这位副省长开会的数量。

这么多材料来得及写吗？啥时候写呢？

领导开会的时候，你可以想象一下，

坐后排的文秘是个什么状态？分几种情况：

如果会议不是新内容，不是重要而且紧急的，

文秘的脑子、眼睛、耳朵是分开用的；

只有副省长讲话才需要五官并用地注意力集中。

遇到与会者汇报发言清汤寡水、让人着急的时候，

文秘只需用一只耳朵捎带着听就行，

刷微信很难得，大部分时候，在做正事，

这个会写上个会的信息，下午写上午的材料，

好几个材料轮流写着、改着、盘着。

副省长参加省委常委会、省政府常务会议，

或者参加全省、全国的电视电话会，

或者传达全会精神的党政干部大会，

领导讲话都是按稿子念，基本不脱稿照念，

这时文秘可以喘口气，不必跟，有的也不让跟，

文秘可以安心坐下来，扒拉手头自己的任务：

还有几篇两三千字或四五千字的稿子，

包括前面提到的见缝插针写调研报告，

起草明后天、下星期、下下个星期要用的材料。

比如，动员会讲话稿、主题教育材料、

向党外人士和外省市考察团通报情况、

开幕式、开工庆典致辞、论坛主旨演讲……

实事求是说，这些稿子有一部分内容很相近，

因为领导在某阶段分管的领域是相对固定的，

思路和观点也是相对稳定的，

有些段落稍加修改就可以贴另一篇材料里。

曾经有文秘和老万无意中说起：

当我目光从文档移开看到窗外夜景的时候，

内心是平静的、再踏实不过的，

因为加班是一种常态，同事们都差不多。

而工作日的大白天，坐办公室写材料的状态，

那种情况很少，基本上属于奢侈。

是不是比较心酸？更心酸的还有！

办公室的沙发不是给客人座谈预备的，

基本没啥客人，文秘哪有时间陪人唠嗑，
沙发是加班太晚了和衣而卧凑合用的。
说到沙发，哎呀，老万顾影自怜，
曾经住郊区，每天上班转三次公交单程两个多小时，
没少睡办公室沙发，甚至睡会议桌上。
有一年除夕值班，老万带着上小学的女儿，
在办公室看春晚，睡沙发到大年初一，
那年老万的爱人在外地的工地过年。

会不会扯太远了？
一旦写尽兴了我可能收不住，不准嫌啰嗦。
没有背景，想在省政府办公厅立足，

能不能再说说研究室和发改委。

我不爱串门，真的不太了解。

你们不是在同一个大院吗？

所以啊，我怕他们来打我。

文字材料要达到什么质量标准？
经常有人拿这个问题问老万。
怎么描述呢？最直观地说，
凡是副省长需要的文字材料，
科学论文除外，我指的是自然科学，
文秘应该没有不会写的，就这么牛！
而且质量必须达到不需要副省长大修改的水平，

睡沙发

自然科学

尤其是小稿子，更是不能让领导大改。
如果几百字材料还要领导几次三番修改的话，
那基本上说明不适应需求，该挪位置了。

关于写材料水平，还是拿大材料说吧，
比如，文秘接到一个专题调研任务，
从一开始对这项工作似懂非懂，然后查资料，
找各部门刨根问底，穷追猛打，
再闭门苦思冥想，边想边写，不懂再问，
两个星期后，大几千字的材料大功告成！
一是二是三是礼节性罗列已经取得明显成效，
再一是二是三是指出部门工作一大堆不足，
最后，又一是二是三是提出几条对策建议。
你还别说，每条建议都像模像样，
部门心里虽然不舒服，但也挑不出啥毛病。
没办法，就是这么自负，
就是这样的训练有素的文字大侠。

有个社会偏见我必须指出来，

不指出来对不起准备考公务员的网友！
考试后你就成了我，到时候，
我们就是同行甚至同事了。
这个偏见是，关于领导干部对文字材料的认识，
不得不说社会上存在着谜之误解！
某些讽刺领导的段子还停留在史前，
认为领导分不清材料好坏，改来改去改回第一稿，
甚至照稿子念也念不利落，
需要标注"此处停顿""此处有掌声"，
你这讽刺的是解放初期的文盲大老粗领导吗？
其实，以老万和同事们的体会，
真正服务过领导的都知道，
领导的睿智和细致是你无法想象的，
从方向、方针，到方案、方法，
从内容、结构，直到错别字、病句，
事无巨细，哪一个环节都不能马虎。
最近，我听同事说起这样一个例子，
某位副省长纠正文秘稿子里一个问题：
对外宾和外商，应该写国家主席，

大侠

偏见

内部稿子才写总书记。你看，多细！

大部分普通人的性格，要么冲、要么蔫，
张飞的性格和鲁肃的性格是截然不同的；
但是，省级领导干部可不是一般人，
雷厉风行与心细如发可以并行不悖，
而且我发现，官越大、心越细。
特别是有些做过文秘的领导，
简直就是同行相克！文秘有得苦了！

我们领导特别细，一个标点都不放过。

肯定不如我们领导细！宋体和小标宋一眼就看出来了。

公文的格式、体例，到标点、字体，
都是细节问题，是死规定；
写材料最基本的还是内容，内容为王！

在文字表达基本过关之后，
写材料水平主要不是取决于语文水平，
也不取决于引经据典、排比对仗，
在政府机关写材料的本质：一是了解工作，
不了解就写不透、写不明白；
二是把握趋势，看不准趋势就抓不住重点，
也写不好一是二是三是的问题和建议，
写得不靠谱会被职能部门疯狂反扑哦。

老古，你对口服务建设口领导，自己却错过买房，你写材料和心里想的不一致啊？

打人不打脸，你能不问这种扎心问题吗？

以上说的是文字材料的内涵，是里子。
还有面子，面子也很重要！行家伸伸手便知有没有，
大多数领导，只要看第一页、看几行，
判定整个材料质量就八九不离十，

至少知道你的逻辑性怎么样，
语言是像粽子般紧实，还是露天菜场般散乱，
同时也差不多知道你几个月没写材料了。
天天写材料的，那些高频词汇一直在更新，
人家已经写创新驱动发展、经济转型升级了，
你还在写创新驱动、转型发展；
在某些特定领域，人家写"守正创新"了，
你还在写"大胆创新""勇于创新"；
人家指出你写的这项工作有新提法了，
你说"我这就是四中全会的新提法啊！"
拜托看看清楚好吧，你那是几届四中全会！

不写材料的人还有个误解，
认为文字工作是最呆板最保守的，
其实，合格的写材料者是最灵动最赶时髦的，
要追踪新词汇新提法，一直在线才行。
不写材料的，电脑输入法里没有公文联想词汇，
而合格的写手，只要输入前几个声母，
那些成套的、固定搭配的话语就跳出来了，

比如，四个意识、四个自信、两个维护之类，
要不怎么应对那么超强度的工作量！

我刚分清楚你粉的鹿晗和吴亦凡，确实都很帅。

现在大家都粉蔡徐坤呢。

蔡徐坤是谁？

没法跟你说了，别耽误我看李佳琦直播带货。

的确，有的新提法像明星一样注定要过气，
但你这两天没看《新闻联播》就是没看，
说明你没接触上级最新精神，
没踏在点子上，这没冤枉你吧。

那么，下一个问题接着就来了：

这么高强度的工作，家庭和工作怎么平衡？

怎么平衡？自己想怎么平衡怎么平衡！

孩子小？请保姆吧，没别的办法啊。

请那种住家的、全职帮你照顾孩子、

不做饭不做家务的保姆，好像也没别的办法。

什么？公务员工资请不起保姆？

那就把祖辈接过来照应孙辈。

什么？房子小？婆媳相处有压力？

老万觉得……你这个问题超纲了吧，

家里这点事都摆不平，还指望你胜任硬核工作？

像是征地动迁、强拆、城管摊贩冲突？

齐治平首先就是把家里搞定、摆平。

好了，不说了，超纲的问题不展开了。

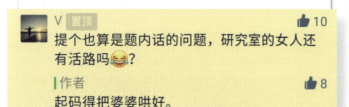

V 置顶 👍10
提个也算是题内话的问题，研究室的女人还有活路吗😂？

作者 👍8
起码得把婆婆哄好。

齐治平 ▸

下面，最后一个问题：

从一个985大学毕业的"生瓜蛋子"

蜕变成为省政府办公厅的写材料大咖，

大概需要多长时间？

什么？不是985的行不行？

至少211吧，学校再低的话能过笔试？

省直的HR会有兴趣看你简历？

以老万对周围同事的观察，

快的一到两年，慢的翻倍差不多吧。

噢！对了，说生瓜蛋子不对，

现在进省直要求有两年基层工作经历。

我说的年限，不是那种熬时间的年限，

我指的是在处长副处长强力高压下、

在大材料小材料一股脑儿压给你、

让你写材料改材料喘不过气来恶心呕吐的情况下、

在带教老师严厉批评批得不怕你翻脸、

不怕得罪你、不怕你报复的情况下，

你才能一两年突破瓶颈，涅槃重生，

大咖 ▸

变成那种一旦起飞就不用再加油、
要加只能空中加油的全天候写材料战斗机。
不怕写材料不怕辛苦不怕委屈的，
你就大胆报考办公厅、发改委吧。

我家隔壁老王也是公务员，不加班也不写材料。

那是他命好，人比人得死。

那他工资福利是不是比你这种写材料的低？

你！……打人不打脸行吗？

提到公务员收入，老万觉得尴尬，
这个问题度数有点高，脸红、上头！

且不说公务员与其他行业收入问题，
愿打愿挨的事没什么好说的。
关键是内部分配问题老了去了！
从工作技能看，有的公务员虽然笔头不行，
但是做些事务性工作做得很牢靠，
或者口头表达口吐莲花啊！
写和做，两样占一样，就能安身立命，
面对一大片上访群众，汹涌澎湃，
有的人一去，嘚啵嘚啵嘚啵，兵不血刃，
笑眯眯地就劝回去了，这本事了不得！
说实在的，老万可没这本事。

也有些公务员哪样都不占优势，
开口说不清、提笔写不明、办事留尾巴，
混到快退休也不会写材料也不用写材料！
但是啥亏也没吃，跟着搭车。
我承认，他们命好，唉！没办法。

写和不写、苦和不苦、能力强与不强，

虽然在某一阶段工资福利丝毫没有差别，
但也仅限于某一阶段，
中远期的职业空间应该是有差别的，
尤其是跟着副省长学到本事、有了感情，
你想想，职业前途会差到哪去。
这个问题大得可以单独成篇，有机会聊。

以上，想到就写，一气写成，
虽然不成体系，但也不想改了，
就这样泥沙俱下，毛刺支棱着，
我怕改来改去改成单位一本正经的稿子，
那就毁了，那就没意思了。

补记：这篇文章在公众号发布后，
有几位网友在后台提出疑问：
"不至于那么忙吧，到底有几分夸张？"
本文写的就是老万自己工作环境的真实状况，
我是写给准备考公务员的网友看的，
必须真实可信，否则就没有参考价值。

 一本正经

✕　公蚊不咬人　　　　　　　⋯

2003年

这床被子还是非典那年发的呢。

这是前些天洗被子、套被子时，我爱人说的。
"非典"时期，我在指挥部加班写材料，值班，加班写材料，值班，睡办公室。为了防止感染，单位给每个值班的人配发一床被子。非典结束，被子的产权归个人所有。

这是老万为改革开放四十周年写的稿子中的一段，
写于2018年，谁会想到，2020年会重演。
先哲说，人不能两次踏进同一条河，
老万就两次为了肺炎防控踏进同一个指挥部，
上次是抗击非典，这次防控新冠。

2020年2月18日

 非典

//// 人物志 **1**

万华，网名"万笔吏妖"，
机关资深文字工作者，
简历见封面折页处。

可以把曾经的他看成少年老成的典型，
年轻的躯壳下，包裹着沉稳或懒惰的性子，
为了饭碗而写材料，学得很慢、很苦，
但每有所思，似乎都有别样心得。

一开始，因为工作关系建了微信工作群，
就写材料问题与同事们交流、点评，
后来，在同事鼓励下建了自己的公众号，
专门连载写材料的方法和感悟。

现在的老万，属于老夫聊发少年狂，
年纪大了装嫩、赶时髦，弥补年轻时的木讷，
一般中老年公务员的油腻，他一点没沾染。

虽然工龄不短、但职务不高，怎么治？
他熬了一款鸡汤，早晚各一次，空腹灌自己：
提升公务员职务的主动权基本上在组织，
提升业务能力和人品的主动权完全在自己。

《人物志》的所有人物形象均由老万进行概念设计，
由网友彭船洋创意绘制。

自序 2
三刻三拍不必惊奇

一个想法吓自己一跳，老万要写教科书！

对了，自我介绍一下：在下老万，

在省政府办公厅当公务员，写材料，二十多年，

经常给各类文秘人员上课，讲公文写作。

好多听者说："你讲的书本上没有。"

哎妈呀！这话犹如加长加厚带护翼的板砖，

把我这低调得不像话的高手一下拍醒！

埋头写材料多年，也不看看教科书上怎么说的。

跑到书城一条街仔细找半天，地摊也没放过，

真失望！替某些教科书的作者脸红！

用官样文章讲述如何写好官样文章，

概念解释概念，既不接地气、也不接天气，十三不靠。

大家知道，公文最大特点是，

单个字都认识，连在一起晕头转向，

所以一直就有"学习领会"这一说。

在老万看来，那些教科书都是写给会写的人看的；

不会写的，根本看不明白，看了白搭！

> 那些教科书前几章是目的和意义。

> 公文写作的目的就是把饭碗端牢。

> 还让我突出重点、详略得当之类。

> 突出重点小学语文老师教过了，你的问题是不知道哪是重点。

经过这次短暂但富有成效的市场调研，

老万觉得，这领域缺一本为初学者着想的教科书。

毫无疑问，这个重任历史地落到老万的肩上。

要么不写，写出来必须惊艳！

不畅销我买块老豆腐砸自己。

老万凭着长期积累的业务实力、洞察力和真诚，
厚积薄发，这本书刻意追求三大特点：

第一，说人话，不装～那啥，非礼勿言，
这本书绝对经得起任何挑剔眼光的审视，
绑着沙袋跳舞，要优雅、不能污。
说人话，这个要求看似不高，
可是这年头阅读快餐化、微信猛于虎，
还有那些像霸主一样的大型商业网站，
依托可恶的大数据，根据你偶然的浏览痕迹，
大剂量推送同类内容，麻醉认知、固化偏见，
加上自媒体的标题党横行，死劲拉拢你，
以及你心底里反感机关材料的八股文风气，
一个拉一个推，里应外合，让你懵圈，
把许多人写材料的路数带歪了，无所适从。

别卖关子了，你快说！初学者怎么办？
相信大多数人和贾宝玉一样，顽皮怕读文章，
尤其怕读大部头的、正襟危坐的教科书。

没关系，现在有了这本看图说话式的教科书，
利用碎片时间、在轻松愉快中掌握本领。
这是你手上这本书的第一个刻意追求。

第二，所有的举例子，百分百真题，如假包换。
也就是说，书里引用的稿件，
都曾经被送给县领导、市领导、省领导，
甚至北京出租车驾驶员说的"海"里领导。

一下子把读者待遇提那么高，不会有后遗症吧？

当然不会！老万是在编在岗公务员，有底线。

第三个刻意追求是，内容绝对专业！
老万对灯发誓，本书语言的活泼风趣，
绝不会影响它内容的"伟光正"。
老万在省政府工作二十多年，从没打过杂，
一直战斗在写材料第一线，全劳力，

如果写材料水平不过硬，早被打发到收发室了！

所以说，购买这本书，你完全可以放心，

绝对符合《党政机关公文处理工作条例》，

符合《中华人民共和国国家通用语言文字法》。

如有误人子弟，你指出来，怎么骂我都不还手。

知乎的"神回复"有什么共同点？

揭示事物本质！在还原真相中找到风趣。

本书就是揭示机关写材料的本质，

在追求真相中，让你学到本领并会心一笑。

这本书写给谁看？

老万牵挂的第一顺位读者是，

省、市、区县、街镇的公务员，尤其是文秘，

还有准备参加公务员考试的应届和往届生，

考试后，你就成了我。

还得是祖坟冒烟的幸运者才行，

尽管不如前些年吃香，但公考还是高比例淘汰。

第二类是事业单位、国企的办公室文秘。

当然也包括外企、私企办公室文秘。

外企私企为啥排后面？不讲国民待遇？

国企文牍现象更甚，承认吗？

第三类读者是更广泛的"办公族"。

从职员到主管、经理、总监、大当家的"总瓢把子"，

官再大也有上级，并不总是口头汇报工作。

不是办公族，也别事不关己、高高挂起，

人生在世，谁敢夸海口永不写材料，哪怕一张借条呢？

多学一样本事，可以少说一句求人的话，

有备无患，谁买这本书谁幸运！

这篇文字在老万肚子里踢打翻滚的时候，

原想用于沟通责任编辑当敲门砖的。

写到这里发现，适合作为自序。

书，要有序，俗就俗吧。

打定主意！本书不请名人写序，

自己撸一篇，吃烤串那么随意，

要不怎么让人相信你有真货。

装帧方面，不要封腰！不要名人推荐！

肚里有货，何须别人背书，还嫌风气不够颓废？

天呐！这块板砖真是一砖多能，

先拍自己、后拍责编、再拍读者。

三拍中的后两拍，高抬起、轻落下，拍马屁的拍。

亲！如果你有耐心读到这里，

那么，说明这篇序言起作用了，

就像鲁迅先生说的旗袍外裸露白膀子，

引诱你买这本书，老万成功了！

其实，这更是你的成功！

学到手艺，你的幸运就开始了。

2019 年 1 月 18 日

 腰封 ▶

//// **人物志** ②

白桦林，
985 硕士毕业，
进机关时间不长的 90 后。

她对机关的印象全部来自影视剧和媒体，
上班后觉得反差很大，正在努力适应。
她很聪明，学习领悟能力和可塑性较强，
业余爱好广泛，从刺绣到跆拳道。

领悟 ▶

她工作上认真负责，追求上进，
但她更爱惜健康和心灵自由，
她有着东北地区女性的直爽和幽默，
怎么想就怎么说，经常与老万互怼。
有一次，她半开玩笑对老万说：
很难想象我会成为你这样的老黄牛。

心灵自由

正册

正册分析解读党政机关 15 种公文，
是本书的主体内容，分 3 个块面：

一是 15 种公文的结构、写作模板。
通过范文分析，拆解文章的结构要素，
有的文种，老万提供了写作模板，
这些模板提供了思考路径、立场、
视角、思路、基础逻辑、写作技巧等。

二是解读党政机关公文处理工作条例。
这部分内容包括对每种公文的适用范围、
格式要求、行文规则等进行解读，
并对比分析几组容易搞错的公文等。

三是对公文条例的"万氏"解读。
这是老万这本书的独门绝技，
也体现了老万善于将理论转化为实用技能，

既仰望星空，
也接地气。

基础逻辑 ▸

也就说，在对条例逐条逐款专业解读基础上，
还结合机关文化氛围，提供了独到分析。
有的解读让人豁然开朗、过目不忘，
有的解读可能并非条例的立法意图，
但是，它有助于你加深记忆啊！
应对相关考试需求，非常实用实惠！
只要看两遍老万编写的总复习试题，
只需要看两遍，考八九十分肯定没问题！
老万所说的加深记忆，并非浪得虚名，
已被大量新任公务员培训考试证实了疗效。

下面的示意图，可以回答不少网友的疑问：
老万的第一本书与第二本书的内容，
与"写材料"这个大概念是什么关系？
示意图可以看成写材料的谱系，
第一本书与第二本书沾点亲，是远亲。

谱系 ▸

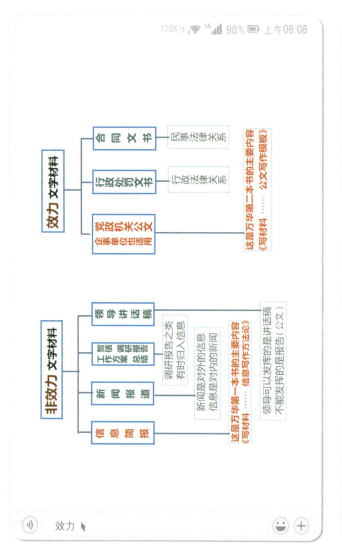

效力

第1章
含在函里的功架

对的，函在机关 15 种公文中排名靠后，
但很常用，各类企事业单位也常用。

给兄弟单位写一份简短的公函，
是小白职业生涯的第一篇文字材料。
那天上午天气特别好，水晶蓝那种好，
县政府办公室的窗外有鸟叫。
办公室其他人都不在，小白一人守电话，
她大学毕业进入县府办工作不久。

然后，县委机要局的同志上门例行检查，
机要局同志发现一个不大不小的问题：
县府办的专线传真机已经好久没被使用了。
该设备具有记录使用情况的功能。

> 好机器有记日记的习惯。

功架

机器用得少也是问题？请问需要我们做什么？

机器不用，也要承担保管任务并接受检查，你们烦，我们也烦，倒不如拆走。

拆了那我们专线通信怎么办？

局域网更清晰、更便捷，完全可以取而代之。

机要局的同志临走前说：
这样吧，你们写个拆除设备的申请交过来，
我们局批准后就派人来拆。

那天上午，小白手头没别的工作，
这么好的天气，不干点工作挺可惜的，
刚参加工作的小青年，心气都挺高。

局域网

小白认真写了这份拆除设备的申请，
写完又改了两遍，小白觉得尽力了：

申请书

县委机要局：

　　县政府办公室的专线传真机已经闲置多年，为减轻我单位日常保管设备负担，也为了减轻贵局开展例行检查的负担，特向贵局申请拆除该设备。

　　此致，敬礼！

县府办
年月日

办公室主任回来后，
小白把这件事向主任作了汇报，
然后递上自己写的稿子。
主任只瞄了一眼稿子，就说：
你刚才的汇报很详细、也很清楚，
说明你的口头表达能力不错。
同时，我没布置，你就主动写了初稿，

口头表达

这种主动精神值得肯定。但是——
直接批评不可怕，怕就怕领导说但是。
主任仍然是语气平缓地说：
但是，你写的稿子却完全不对路子。

在职场，凡是听到领导说但是，那么，但是之前的话无论多么动听，你都应该保持谨慎。

主任说：专线传真机闲置多年不用，
这的确是一个客观事实，
我们作为设备的使用部门，
对此习以为常，当然有一定的责任；
但是——

主任是但是的批发商。

难道他们机要局就没有责任吗！
明明知道局域网替代了专线传真机，

客观事实

他们却对此浪费现象视而不见，
很显然，没有尽到主管部门的责任。
所以，这个让双方都难堪的事实，
不要写！否则容易给双方都落下话柄。

同样的道理，减轻我们保管设备的负担、
减轻机要局开展例行检查的负担，
也不要写，这都不是摆得上台面的理由。

主任继续说：你用申请这个体裁不对。
县府办与县委机要局都是正科级，
是平级，确切说是不相隶属的部门，
应该运用的文体种类是函。
你们这批新进公务员培训过公文，
老师应该讲了函而没讲申请书吧？
机关之间一般不适用申请书。

在主任的指导和几次修改后，
这份不到 100 字的材料总算完成。

不相隶属

嗯？一两百字的短文，怎么连主任也要修改几次？

没错！反复修改是机关常态。

大家知道，修改材料是没底的，
文稿被反复修改是机关常态。
下面是主任修改几稿后的稿子：

关于商请拆除专线传真机的函

县委机要局：

　　根据贵局近日对我办专线传真机例行检查提出停用建议，我办进行了认真研究，本着厉行节约原则，同意贵局建议。请贵局约定时间，派专人前来拆收设备，我办将予以积极配合。

县府办
年月日

) 予以 ▸ 😄 ⊕

修改后的稿子，有几个变化：
一是不涉及传真机长年闲置问题，
二是不再写什么保管负担问题，
三是把申请书改成了函，
四是去掉了"此致敬礼"。

没穿制服，敬的哪门子礼。

在职场，单位事务大部分都用函；个人事务才写申请书，如申请饭卡、门禁卡，申请休假、公租房。

下面，分析行文语气。第一句：
根据贵局建议……我办研究同意贵局建议。
不是我向你申请，不是我求你，
而是你提出建议，我同意你的建议。
第二句：请你约时间……我办将积极配合。
这句话特别能体现县府办的性格！
老万把它的潜台词翻译如下：

) 潜台词 😄 ⊕

第一，你们县委机要局来拆除设备，
县府办是愿意积极配合的，
我们县府办的工作姿态历来很高的！
第二，你来之前要事先约时间，
约时间，表示对我方的尊重。
不能想什么时候来就什么时候来，
不能把县府办当成菜市场。
第三，我们整天没事等着配合你拆机器？
我们服务县领导，平时很忙的好吧！

这些修改体现了一个重要原则：
写单位材料必须站在单位的立场，
而只有了解本单位法人的性格，
才能使自己站到单位的立场上来。
单位是什么？单位是法人！
法人不像自然人，谦虚、礼让都是美德；
法人是经常端着功架、踱方步的，
是不会也不能轻易放低身段的，
否则，怎么维护自己的江湖地位？

姿态

那么，某个法人的性格是
全体员工的平均值吗？

错！单位领导奋发有为的
斗志，不会被少数佛系员工拖
后腿！

机要局同志与小白对话，是自然人表达，
也是比较随意的生活化的口头表达；
但有时不适合白纸黑字的书面表达。

我之前实习的那家公司是
啥性格？听说你买了它股票。

你没留下是对的！那家公
司好大喜功、讳疾忌医，股票
我全抛了。

分析了主任的修改意图，
再来看这短短百十来字的材料的结构：
简易商洽函的结构：事由 + 要求
这份函非常简单，只有两句话，

法人

第一句话是事由：
机要局提出拆除传真机的建议，
县府办同意机要局的建议。
第二句话是县府办提出的要求：
来拆除传真机之前要预约时间。

如果事情比较复杂，那么需要写理由。
复杂事项商洽函的结构：
事由 + 理由 + 要求

为什么要增加一块写理由？
主要是说服对方一起做成这件事，
增加了共识，就会比较乐于配合。
反过来，不写理由有两种情况，
有的是事情简单，理由是明摆着的，
有的是对于能否达成合作无所谓。

商量拆除传真机怎么约时间，
不存在明显的谁求谁的问题。

 法人性格

拆也好、不拆也好，县府办无所谓，
反正不怎么使用，对工作没影响。
对于机要局，无非是多管一台或少管一台，
一只羊是放羊，一群羊也是放羊，
多一台，工作量也多不到哪儿去，
少一台，节约的经费肯定不能发奖金。

本书第 1 章，提出了**法人性格**的概念，
你在别处没看过没听过吧，肯定没有！
请注意！这是公文写作领域的重大理论创新！
我是严肃的，老万一点没开玩笑，
类似的创新，这本书还有很多。

写材料必须站在单位立场，只有领悟了单位法人的性格，才能把握立场。

理论创新

//// **人物志** ③

马小虎，
比白桦林早两年进单位，
工作态度积极，但写材料水平有待提高，
还总是丢三落四，人送外号"马大哈"。

他给人的感觉，总是处在忙乱之中，
早上，边啃煎饼边踩着点进办公室：
手里还拎着一杯奶茶或咖啡。

馬小虎

好在机关上班不打卡，如果打卡，
他的年终奖肯定全泡汤，
当然，机关也没有年终奖一说。
中午在食堂，一边吃饭一边刷微信，
办公桌永远乱得找不到需要的材料。

无论哪位领导、无论问他任何问题，
基本上都不能当场得到确切答复：
这个这个……我查一下再向您汇报。

打卡

第2章
求帮忙的函重在寻找公约数

招保万金集团是行业 TOP3 的开发商，

为节约篇幅，以下简称万金集团，

该公司最近在庆丰市遇到点麻烦。

具体啥麻烦？后面会详细分析，

总之是只有市房管局才能帮上忙的事。

怎么请市房管局帮忙？走什么程序？

老总让办公室主任拿方案。

办公室主任提出两个备选方案：

方案一：以公司名义发公函，

向市局汇报情况、请求支持。

方案二：以老总个人名义向局长写私函，

约请上门拜访市局领导，

或邀请局长来公司调研视察。

老总想了想，选择第二方案，

办公室主任马上组织起草这份函件。

为什么选私信？单位的事不是应该选公函吗？

你公事公办没问题，就不怕对方也公事公办？

主任让新来的文秘小白写初稿，

小白雷厉风行，一刻钟交差。

尊敬的娄建国局长您好！

我公司在本市三江新区开发的万金"金色海岸"二期即将开盘，现在遇到了某问题。因此，近期我将前往贵局拜会，请求您给予指导帮助，或请您拨冗前来我公司调研视察，我当面向您汇报情况、请求帮助。

敬祝，工作愉快！

老总签名

年月日

这稿子看上去很正常、没问题嘛。

如果你也这样认为，那说明，

你没在大企业、大单位写过材料。

咱是行业 TOP3，咱的江湖地位决定了，

一开头，不能就事论事；

必须立意高、格局大！要写序章。

"格局"这词儿用滥了，但这里不得不用。

直接把这稿子给老总，也不会怎么样吧？

取决于老总的脾气和当时的心情。

主任用赋比兴启发小白：

像《诗经》这类古诗接触过吧？

赋比兴的兴是什么？

朱熹说："先言他物，以引起所言之辞。"

杨朔《茶花赋》这类散文读过吗？

结尾写正事，前面 80% 扯闲篇。

其实，**公文也需要赋比兴！**

又是公文写作理论创新，以后不再提示。

公文也像乌鹊南飞，先要绕树三匝。

求帮忙的函的结构：

寒暄 + 回顾 + 要求

一是寒暄、二是回顾、三是提要求。

主任写的第一段是这样寒暄的：

> 尊敬的娄建国局长您好！
>
> 党的十九大胜利召开是继往开来的大喜事！近日，我公司按照市委、市政府以及贵局的部署要求，正在学习领会房住不炒指示精神，积极贯彻落实《庆丰市关于房地产业健康发展若干意见》，结合公司实际，研究转型发展的战略规划。

寒暄模板：寻找双方的最大公约数。

从中央到地方再到市局，每个层级都点到，

能点到，说明你单位具备这个意识；

但不必展开，展开显得啰嗦、甚至虚伪，
　　因为没人真的相信房企不希望炒作。

最近没接到学习贯彻的通知啊？

自己往上靠不会吗?

如果说第一段是现在进行时，
　　那么第二段就是过去时、完成时，
　　简要回顾企业发展的光辉历程。
但千万别自说自话，那样太自恋了！
　　咱单位那点事别人根本没兴趣，
　　只有写公约数才能让对方感兴趣，
所以，每一句尽量与对方扯上关系。

万金集团自 1991 年进入庆丰市，28 年来始
终与国家同发展、与庆丰共生长，在本市及周边

🔊　　自恋 　　　　　　　　😊 ➕

地区开发了一系列优质项目，赢得了……奖项和
良好口碑。尤其 2016 年以来，按照贵局部署要求，
拓展长租公寓业务板块，为构建本市租售并举的
房地产业发展格局作出新贡献。

这第二段回顾，能不能写得感人，
　　取决于咱单位与地方的历史渊源。
　一般来说，像 TOP3 这种能级的企业，
　　过去肯定与政府中高层多有交集。
比如，市局明示或引导赞助某赛事，
　　咱企业二话不说掏了一千万！
　　还有诸如捐款赈灾等公益之举。
又比如，市局曾给过企业特别支持，
　　帮助企业转型发展、渡过难关。
　　把这些情况全面梳理一下，
　　然后进行归纳提炼，挑重点写。

既然有渊源，那老总和局长应该认识啊？
老总和局长不是世袭制，会换的啊！

🔊　　交集 　　　　　　　　😊 ➕

我刚进公司不久，哪来那么多细节？

文秘不应该一个人战斗，要学会用外援。

请注意！第二段模板的关键点：
咱帮助别人的事，点到为止；
别人帮咱的，要写得丰满、生动，
树立咱公司懂得感恩的形象，
这方面，如果有细节就更好了。

我们深切感受到，我公司的快速发展，离不开贵局的细心指导和大力支持！特别是某年某月的某事以及某年某月的某事，贵局和娄局长您本人的亲自关心和指导，对于我公司跨越式发展（或渡过某难关）发挥了不可替代的作用，公司上下至今记忆犹新。

细节

这段回顾，也最好有点细节描述，
细节最有感染力，最能打动对方。
你可以先找资深员工搜肠刮肚；
不行再向主任和老总找线索。
领导看你能提出这种高水平问题，
肯定暗竖大拇指，不会嫌烦的。

为什么绕那么大圈子？难道不能就写一句话：我们老总想见局长！

如果是象牙山庄的小微企业，当然可以。

第三段，当然是要切入正题了，
再不切题，看信的人就会嫌烦了，
求人帮什么忙？该提出来了。
请注意！第三段的第一句很重要，
既发挥承上启下的转折作用，

线索

又是求人之前必须摆的功架，

展现咱公司目前的良好状态。

要知道，银行只肯天晴的时候借伞，

没人愿意给快破产的公司填无底洞。

摆功架这句话的写法涉及**公文的度量衡**。

啥是度量衡？先看下面的示意图：

一句话概述自身发展状况的模板

☐ 当前，我公司处在转型发展关键时期（主要指标**下降**）

☐ 当前，我公司发展状况良好（主要指标**微降**或**持平**）

☐ 当前，我公司处于历史最好发展时期（**一位数增长**）

☐ 当前，我公司处于高速增长期（主要指标**两位数增长**）

☐ 如果是**20%**以上的漂亮数据，直接写数据更说明问题

这里有必要补充一点背景情况，

这封信函写于 2017 年底，

正是国家加强房地产调控的关键阶段，

庆丰市房价回落、在次高点徘徊。

当时，万金公司可能遇到的问题，

度量衡

按难度大小，可能是这些事情：

一是难度不大的问题：

违反一房一价明码标价规定，

接到巨额罚单；希望减轻处罚，

并希望市局不要向社会公布，

至少不要大张旗鼓当作典型宣传。

二是中等难度的问题：

请求协调加快市政配套项目建设，

否则影响楼盘周边环境和销售进度。

三是特别难解决的问题：

即将开盘的第二期新盘，

按市局新政不能"哄抬"房价，

这样一来，价格将与一期形成倒挂，

一期业主将要求退差价、退房。

当前，我公司发展状况总体良好，但遇到了

某事，迫切需要贵局给予进一步指导支持。因此，

哄抬

希望近期前往拜会您，当面请教；或恳请您拨冗前来我公司调研视察，莅临指导。

敬祝，工作愉快！

老总签名

年月日

本文求人的事，只是点到为止，
更具体的内容留待见面详谈。
所谓的切入正题，一般怎么切，
切多深合适，需要具体分析。
在此，老万提供一个参考模板：

根据事情**难易程度**决定写到什么程度

☐ **比较简单的事**：可以正文写清楚，也可以加**附件说明**
说不定对方马上答应解决，不必见面

☐ **中等难度的事**：可以**见面细说**，信函中点个题就可以

☐ **十分难办的事**：主要指超出对方权限，与规则擦边的
在函中**必须点题**，给对方打预防针

莅临

可能让对方特别为难的事，
既不能写全、也不能打闷包。
写全了，可能近期约不到局长，
因为太难办，局长不想沾手，
局长可能让办公室主任回个电话：
"抱歉！我们局长出差，要两周后才回。"

一点不写、搞突然袭击也不行，
让对方不舒适，不利于问题解决。

这篇函，是企业写给机关的，
严格说，它不属于党政机关公文，
也不受公文格式的限制，
但写作模板和思路，各类单位都适用。
有个技术问题必须指出，以免搞混，
本文双方不是不相隶属机关的关系，
而是行政机关与行政相对人的关系。
房地产开发公司再大再有名，
涉及行政审批的事，就得求主管部门，

行政相对人

县官不如现管，求人就得放低身段。

请注意！闪亮的、高能的内容又来了，
这是公文写作领域又一理论创新！
公文度量衡的说法，是我借来用的，
我受毛尖老师学术讲座的启发。
没错！就是著名影评人毛尖，
也是华东师范大学教授毛尖。
毛老师所举的例子我记不太清，大意是，
表达同样意思，不同影视剧风格迥异。
比如，有的剧中人歇斯底里，说：
我真是受够了！我要离婚！一分钟也不能等。
而风格内敛的剧，或内敛的剧中人，
可能只是平静地说：我们离婚吧。
再比如，同样表达想去北京，
有的影视剧台词是这样的：
"我真的真的真的很想去北京！"
而有的影视剧是："我想去北京。"
后者虽然语气上更平静，

但可能迫切性比前者更强烈。
就像以前表达"笑"用"哈哈"就行，
后来要用"哈哈哈，哈哈哈"，
再后来要满屏几十个"哈"才够意思。
这说明网络用语的"笑点"变高了。

同样，关于"放管服"改革的材料中，
有的喜欢热烈奔放，比如，这样写：
切切实实帮助企业解决难点、痛点、堵点问题。
而有的材料，写得比较平实：
帮助企业解决问题。
单从文字，无法判断哪个地区更务实，
也无法判断哪个领导更实干。
上文中，关于公司发展状态的描述，
相信证券业写研报的人心知肚明。

老万对某一类标题的微信肯定不会点开，
这些标题把形容大事、急事、险事的词汇，
用在了不大、不急、不险的事情上，

🔊 身段

🔊 放管服

· 35 ·

俗称标题党，就是词汇的"度量"贬值，

这类文章使用的是另外一套度量衡。

它们的阈值变得越来越高，

人们对它的警惕也就放松了，

那就需要进一步加重语气才能引起注意，

如此循环往复，阈值越来越高。

"阈"字念 yu，第 4 声，不要和"阀"字搞混。

内容配不上标题的微信，常用这些词汇：

央视曝光，看后惊呆，令人发指，神奇功效，

震惊国人，惊天秘密，多活十年，高层揭秘，

北京发飙，西方崩溃，日本哀嚎，美国慌神。

🔊 阈

//// 人物志 4

卞哲灵，
同事都叫她小卞或小编，
她是机关信息简报的编辑。

虽然她已有十来年机关工龄，
但看上去不怎么显年龄，
主要是保养得好，懂得全方位爱护自己。

🔊 小编

她非常推崇某位先哲的理论：
懒惰是推动人类进步的原始动力！

作为编辑，她改稿子有独门绝技，
尤其是对那些有待求证的数据或事实，
一般用外延大、内涵小的词语替换，
或者干脆直接整段删除，杜绝隐患！
闺蜜很佩服她，无论写材料还是待人接物，
她都有删繁就简的天赋，口头禅是：
不用这么麻烦吧，我建议直接……

 隐患

第3章
彰显行政伦理的礼仪信函

本章这封信函，老万酝酿了十年！
这是一位区长写给外地一位乡长的信，
虽然写的也不是私人事务，
但并非严格意义的公函，
只能算是机关礼仪性质的函。

这封信函的背景是这样的：
区长所在的东南市，与西南省结对帮扶，
这里的东南市，可以是直辖市或副省级城市。
该区与西南省的文山县对口支援，
区里出面、出钱，请上海交大农学院帮忙，
在文山县的慧海乡推广种植红心红薯。
然后，区里又出资帮乡里建了淀粉厂、粉条厂，
用新品种的生态红薯做淀粉、做粉条。
著名的江底捞火锅连锁企业总部就在该区，
区长陪江底捞的老总去慧海乡考察，

 结对帮扶

老总一看，生态粉条！当场拍板：
全国的连锁店都用这个厂的粉条。

秋收季节，区长收到两箱红薯、两袋粉条，
还有慧海乡乡长的亲笔信。
机关食堂把红薯蒸了、粉条做汤，大家尝新，
都说比在东南市郊区种的红薯好吃，
保留了该良种软糯、无筋、无渣的优点，
而且因为文山的日照充分、早晚温差大，
使得红薯个头更大、甜度更高。

吃完红薯、喝完粉条汤，得考虑写回信，
区政府办公室给区长起草了代拟稿：

某某同志，你好！
　　来信和农产品收到，非常感谢你让我们班子
成员共同分享了对口支援工作的丰收果实。
　　两地建立对口支援关系四年多来，西南省
以及文山县对东南市以及我区的发展给予了积极

对口支援

帮助，尤其两地合作建设百万头生猪养殖基地，
为东南市应对这一轮猪肉价格上涨起到了积极作
用。今年初，我率区代表团到贵地考察，非常高
兴地看到，慧海乡以及整个文山县广大干部群众
积极响应党中央决战决胜脱贫攻坚的战略部署，
用智慧和汗水改变了山乡面貌，即将实现全面脱
贫既定目标。你们抓工作的坚韧性和实干精神，
值得我区学习借鉴。
　　衷心祝愿贵县和贵乡人民在省委省政府领
导下，不断取得改革开放新成就！预祝2020年
底如期取得全面脱贫攻坚战的伟大胜利！
　　热诚欢迎您有机会来我区考察访问，传经
送宝。
　　顺祝秋安！
　　　　　　　　　　　　　　　区长签名
　　　　　　　　　　　　　　　年月日

区长和乡长，都是有公职的人，
他们之间写信，不仅代表个人，

传经送宝

还分别代表所在的两个地区政府，
除了私人友情之外，还有单位之情，
实际是用双重身份在写信，
他们所表达的感情也具有双重性。
最重要的一点！他们的信，
是写给组织看的，是写给大家看的。

第一，必须把上级摆在突出位置。

乡长给区长的信，首先感谢党的政策好，
然后才感谢区长牵线搭桥引进农学院。
区长给乡长的回信，也同样突出上级。
不能仅仅写"我区"与"你乡"，
而是要提到自己的以及对方的上级，
也就是东南市与西南省的对口支援关系，
还要提到慧海乡的上级——文山县，
区是与县结的对，不是与乡结对，
如果挑理的话，应该是县长给区长写信，
乡长写信，好像还有那么点不对等，

可能是红心红薯吃了胀气，涡轮增压。
算了，反正不管怎么说，咱们双方，
分别属于各自的多个上级大框架下的局部。

为使初学者更深刻理解这层意思，

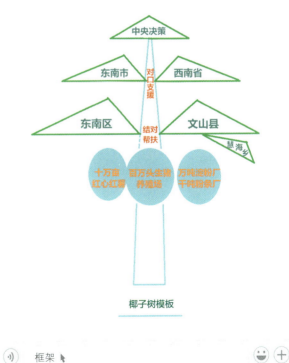

椰子树模板

老万用"椰子树"模板解释它的写作逻辑。
北方的果树，果实都长在枝头，
比如，苹果、梨、杏子、李子、柿子等，
每颗果实，都对应生长在某个枝头，
是由这个枝头的树叶的光合作用供养的。

而南方一些树木，果实与叶子没有对应关系，
比如，榴莲、椰子，果实都长在树干上，
每颗椰果都是所有树叶光合作用的共同结果。
而且，最上面的叶子，作用最大，
初中生物课本里有"顶端优势"的理论。

文山县慧海乡发生的翻天覆地变化，
是在东南市与西南省共同的上级——
中央扶贫攻坚战略部署下取得的。
对口支援，首先是中央的部署要求，
不是我们一区一乡的私相授受，
其次是东南市与西南省之间的协作，
然后才轮到我区与你县以及你乡的关系。

这是行政伦理的表现之一。

第二，多夸对方的付出，少写我方的帮忙。

比如，引种优良品种的红薯，
这是我区对贵乡的支持，信中基本没提；
但建养猪场的事，要看成对方对我方的支持，
这个必须专门写到，而且要写出效果，
那就是对我市平抑猪肉价格起作用了！
尽管这个效果是对全市而言的，
它的获益者不仅仅只有我区，
但只要是对方对我方的好处，都要写！
哪怕是模糊的不确定的好处。

并且，尽管建养猪场是双赢的项目，
帮助山区带来投资、带动当地农民就业，
而且，东南市还确保了猪的销路，
属于对方收益大于我方的"双赢"的事，
但也要客气地写成似乎我方"单赢"。

私相授受

单赢

第三，多夸对方的长处，不写不足。

关于这一点，这篇例文没涉及，
但道理很简单，一点就通。比如，
对方经济总量小，但是可以写增速快啊！
先进制造业不行，但农产品有特色啊！
商业意识不足，但是民风淳朴啊！
每次接待，早中晚三餐陪同，搞得很烦，
美其名曰，尊重民族地区的习俗，
但可以写成热情好客啊！
经济发展水平不高，但是环境好啊！
环境好就是资本啊，可以发展旅游业。
大领导不是说了嘛：
绿水青山，就是金山银山。

以上各方面，都只写"但是"后面的内容，
前面的不写，千万不能写！
发展再差的地区，总能找到亮点，
辩证看，目前的不足就是将来的亮点。

🔊 辩证 ▶

为什么专门拣好听的说、不能写不足？
因为你不是对方的上级，不能因为帮了忙，
就有资格对别人指手画脚。
这就是行政伦理！礼法无处不在。

礼仪信函基本上是"高看一眼"语气，
怎么理解？可以参考"千纸鹤"模板：

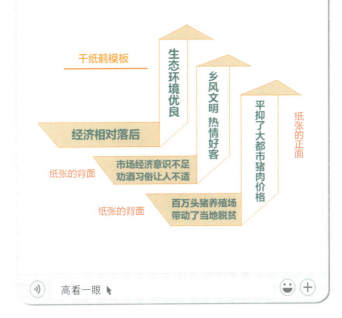

🔊 高看一眼 ▶

· 41 ·

任何事物都是辩证的，都有两面性，
　就像每张纸都有 A 面和 B 面，
一面光鲜，另一面可能不那么如意，
折叠一下，把光亮的一面写出来。

第四，不要写具体工作和具体项目。

这种函之所以被称为礼仪性信函，
　那就是，最好只是寒暄就行了，
不要在信中商量具体工作和项目。
不能因为吃了红薯和粉条就增加帮扶经费，
　　吃这么点东西，还不至于嘴软。
具体工作另外写信商量，用机关公函。

吃这么点东西也不违反八项规定。

老万必须特别声明，这篇例文，
　我学习借鉴了我的老师的一篇例文，
这位王永鑑老师，本埠的文秘大都知晓，
　　他既是权威的公文写作老师，
　　也是万华所在单位的领导。

十来年前，万华听王老师分析了一封信，
　对我启发很大，反复琢磨，学习领会，
现在"步"老师的韵，"和"一封信，
　就像小孩学琴，第二次课前要还琴。

老师当年那封信，背景情况是：
东南市与东北市签了购买大米协议，
　在大米收获的金秋季节，
东北市长给东南市长写了一封信，
　当然，还同时寄来一点新大米，
信是寒暄的信，大米数量也是象征性的。
王永鑑老师为东南市长代拟回信。
　这封回信是我反复学习的范文，
　信中，我印象最深的是这样的句子：

我们在东北市考察期间，亲身感受到中央做出的振兴东北老工业基地这一重大决策给东北的发展带来的巨大**活力**，亲身感受到贵市人民在市委、市政府的领导下推进改革开放给这座城市带来的巨大**变化**。

寒暄　

和

读到这句，老万脑子里有过许多联想，

比如，像"东南互保"的典故，

封疆大吏之间的走访、书信往来，

都是有严格制度规范的，需要报备的，

当然，这是冷兵器时代的必然要求。

又如，古装影视剧里两个官员见面，

只要提到"圣上"，就有个规定动作：

双手抱拳、举过头顶。

表示对双方共同的最大领导的尊敬。

再比如，一位在外企担任中层的朋友说：

每次看到茶水间有两人以上聚集私语，

我就怀疑，他们是不是在说我坏话，

或者密谋挖坑、给我使绊子、搞阴谋诡计。

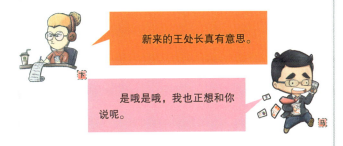

新来的王处长真有意思。

是哦是哦，我也正想和你说呢。

真有意思

最后，还想就上面的句子啰嗦一句：

为什么写巨大"活力"而不是巨大"成就"？

活力表示下一步有可能取得成就，

但是，目前成就还不明显。

为什么写巨大"变化"而不是巨大"成就"？

变化是与自己纵向比，不涉及横向对比。

万华撰写本书遇到问题，
多次向王永鑑老师请教，
向同事徐雁宇请教，
在此，谨表真诚谢意！

活力

李

//// **人物志** **5**

李宗乾，
工作经历比较丰富，
进政府机关前，在国企、外企都待过，
最后一个身份是企业后勤副总监。

他喜欢与同事谈及自己的光辉岁月，
开口闭口说：我李总监眼里不揉沙子！
因此，机关人送外号"李总监"。

光辉岁月

房子、车子、大肚子、泡枸杞的保温杯子，
机关中年男人该有的，他一样不缺。

他的长处是口才好，唯独写材料犯怵，
不会写，但职级晋升一点没受影响，
因为他有别的长处，被领导所看中。
每当涉及利益之争的会议，总是让他去，
他从来不辱使命，他敢在会上拍桌子，
哪怕拍的是与他职务不匹配的桌子。
从这样的会议凯旋，他把保温杯往桌上一蹾，
双手比划、有声有色学给大家听：
他们不仁，居然怪我不义，岂有此理！

不义

第4章
去函与复函的标准样本

以上分析的几篇信函，都比较特殊，
都不是公文条例意义上的公函，
拆传真机这样的小事情，只能算便函，
房地产公司老总写给局长的、
以及东南市某区长写给慧海乡长的，
虽然都是谈工作，但还不是正式公函。
本章回归公函、回归公文条例。

江山镇关于请求新建镇文化馆的函

县发改委：

　　随着我镇的城市化进程加快、人口快速增长，公共文化的供需矛盾越来越突出，原有的镇文化馆面积只有800多平方米，且年久失修，功能不全，群众十分盼望新建镇文化馆。我镇经过研究，已物色了合适的地块，建设规模5000平

城市化

方米，约需投资2000万元，资金由我镇自筹。请求将我镇新建文化馆项目列入明年投资计划，我镇将抓紧办理报建手续。

　　以上请求，望批准为盼。

江山镇政府
年月日

为了更好理解这份去函，补充两点：

第一点，县政府与镇政府是"分灶吃饭"体制，
这是指财政上各得各税、各花各钱。
收上来的税，有的归镇里，有的归县里，
有的归市里和省里，这都叫地方税；
还有的归中央政府，叫国税。
花钱的事，县的事县出钱，镇的事镇出钱。
当然，特殊情况下也有例外，
比如，贫困镇自己没钱，县里会贴。

第二点，凡是动土、盖房子，必须获得批准。

分灶吃饭

农民在宅基地翻建自家住宅，可能镇里批，

如果盖几千、几万平方米的房子，

不管你用谁的钱、用什么钱，都得县里批准，

如果处在生态保护区、规划控制区，

那么审批的层级还要更高，

这都是相关法律法规有要求的。

所以，尽管镇政府用自己的钱建文化馆，

也是需要县发改委列入投资计划的，

发改委同意之后，还要经过规划局、住建委，

还有民防办、环保局、消防等部门办手续，

镇政府想建文化馆，要从给发改委去函开始。

这篇去函的结构，通常被认为是两段论，

即，**事由 + 请求，**

但实际上是三段式结构，

去函的结构：事由 + 自己解决部分 + 请求

求帮忙的函，应该写自己能解决的部分，

投资计划

显示我方主观能动性，不是完全靠在你身上。

本文中，"自己解决部分"是指，

建文化馆的钱我自己出，地块也有了，

发改委只要把项目纳入明年的"盘子"，

剩下的事，都是镇里自己解决，

序言说发改委的权力大，由此可见一斑。

下面是县发改委针对江山镇去函的复函：

县发改委关于江山镇新建文化馆项目的复函

江山镇政府：

　　你镇某月某日的来函（发文字号）收到。经研究，同意你镇新建文化馆项目，并按来函所提建设规模和投资额列入明年投资计划。

　　特此函复。

　　　　　　　　　　　　　　县发改委

　　　　　　　　　　　　　　年月日

这是完全同意的复函，它的结构：

盘子

· 46 ·

同意复函的结构：收件情况 + 回复意见

完全同意，当然一切都变得简单明了，

如果发改委有不同意见，怎么复函？

> 江山镇政府：
>
> 　　你镇某月某日的来函收到。经研究，原则同意你镇新建文化馆项目。根据《东南省关于城乡一体化发展指导意见》（省府办发〔2019〕66号）精神，以及《庆丰市关于教育文化卫生等基本公共服务均等化发展实施意见》（市府办发〔2019〕99号）精神，考虑到我县各镇基本公共文化均衡发展，你镇新建文化馆项目建设规模应控制在3000平方米以内，总投资控制在1300万元以内。
>
> 　　特此函复。
>
> 　　　　　　　　　　　　　　县发改委
> 　　　　　　　　　　　　　　年月日

原则同意的复函的结构：

收件情况 + 回复意见 + 理由

请大家特别注意"原则同意"这个词，

很多老机关都经常运用这个词，

但可能不了解、至少不确切了解它的含义。

原则同意可以等同于"部分同意"，

你的请求中，有的我同意，有的我不同意。

在机关，原则上可行，等于不行；原则上不行，就是行？

哪儿学的油滑？

我听老古说的。

老古说的原则上没错。

具体到这份复函，建文化馆是同意的，

但是不同意建那么大规模。为什么？

原则同意

部分同意

理由是，我县其他镇的文化馆都不大，
近两年新建的规模都在 3000 平方米以下，
还有许多镇的文化馆比你镇的还旧，
由于他们镇经济实力不行，没有新建。
你镇有钱，这大家都知道，
但有钱也不能任性。为什么？
省里、市里文件都强调一体化、均衡发展，
你镇不能建得太超前，引发攀比。

> 同意了还需要理由吗？

通常，如果是完全同意对方的请求，
那么，一般不必陈述理由，
如果是不同意或不完全同意，
则需要讲讲不同意的理由，
这是对来函单位的起码尊重。
这一点，与批复相类似，
在请示与批复的章节还会分析。

分析完以上两篇标准格式的函，
下面要对函这种公文的规范进行分析。

一体化

《党政机关公文处理工作条例》中，
专门针对函的表述，有且只有一句话，
在第二章"公文种类"第八条、第（十四）项，

> 法律就是这么骨感，一点赘肉没有。

14. 函。适用于不相隶属机关之间商洽工作、询问和答复问题、请求批准和答复审批事项。

函排在 15 种公文中第 14 的位置，
也就是倒数第 2 的位置，好像比较靠后，
但它被使用的频次，可以进前 6，
所以，本书对函的分析占用了最大篇幅。
哪种公文分析得详细或简略一点，
并没有多大关系，写材料的本质方法是相通的。

关于函的适用，以上这两行字包括两部分：
一是适用对象：不相隶属机关。
对方既不是我方上级、也不是下级，
是不是平级？可能是的，但这不重要，
重要的是双方之间没有隶属关系。

隶属

换句话说：你管不了我，我管不了你。

考试只能写不相隶属，不能写平级！这是一个重要考点。

二是适用范围。
条例上这两行字，用两个顿号隔成 3 段，
拆解开来，函的适用大致有 5 种情况：
一是商洽工作，二是询问问题，三是答复问题，
四是请求批准，五是答复审批事项。
这 5 种情况按去函与复函划分为两组：

去函：商洽工作，询问问题，请求批准事项。
复函：商洽工作，答复问题，答复审批事项。

去函和复函都有商洽工作的功能？
是的，有时一个回合商量不成，还得写。

函这种公文，有几个特点：
一是行文的规范性。公函属于法定文种，
格式上必须符合公文的规范。
这个特点，基本上是正确的废话，
因为所有 15 种公文，行文都必须规范。

二是文字简练。这个特点是存在的。
语言表达直截了当，篇幅宜短小。
本章关于修建文化馆的去函与复函，
基本上都符合文字简练要求，
拆除传真机、寄红薯的函，篇幅也不长。
但是，房地产的函，不能太简练，
不做铺垫、不煽情的话，可能办不成。

三是适用的广泛性。好像不受级别的限制。
这个说法有漏洞，函还是受级别限制的，
对自己的上级、下级机关，不能用函。

一份函是不是只能谈一件事？

有些教科书是这样分析的，但好像不见得。

一文一事仅指请示，函好像没这限制。

比如，镇政府请求县发改委几项不相干的工作，

老万认为写在一份公函里比较好，

如果发改委一下子收到某个镇好几份函，

或者连续几天都收到该县的函，好像有点怪。

关于镇政府与县发改委的函，

这里必须提醒一点：虽然理论上用函，

但实际上，很多地方是用请示的。

老万在与多个省市的文秘交流中发现，

他们都知道，按照条例应该用函，

但实际情况与条例有出入。

级别上，镇政府与县发改委都是正科级，

镇政府的上级是县政府，这没错，

作为县政府的一个组成部门的县发改委，

却不是镇政府的上级，这也容易理解，

但是，镇政府觉得自己比发改委弱势，

至少在安排投资计划上，确实是弱势的，

为了表达对强势单位的尊敬，用请示！

镇政府不是不懂条例，是假装不懂。

对发改委装傻，对同样强势的财政局也装傻，

凡是求人，就自觉放低自己身段吧。

而发改委、财政局对此居然没有异议！

没有异议也可以理解，总不能为了规范，

把镇政府的请示退回去，让重新来函，

这不是刁难吗？这不是影响工作效率吗？

还是算了，别较真，习惯成自然吧。

在机关，很多事情应该怎么做，都有规范，

但是，实际上怎么做，有些现实做法。

机关新人既要知道"应然"，应该怎么样，更要知道"实然"，实际会怎么样。

公文往来中的这种非常现实的做法，
是不是属于前文提到的法人性格范畴呢？
拆除传真机的函，显示法人的功架，
房地产的函，新建文化馆的函，
都显示了法人对现实利益和效率的追求，
对口支援的函，彰显法人注重礼数！

//// **人物志** 6

古兰敬，
政务服务中心副主任，
工龄长、熟悉政策，人称"老法师"。

窗口工作人员遇到一般的难题，问他，
他基本上都能提出合适的办法，
他也搞不定的，他会很负责地请示上级，

🔊 现实利益 ▸　　　　　　😀 ＋

🔊 老法师 ▸　　　　　　😀 ＋

然后，给你一个完全正确的答案，
不管这答案解决不解决问题。

多年的机关工作，增强了他的敬畏心，
既敬畏前来办事的群众、企业主，
更敬畏法规政策。他的口头禅：
你说的我都能理解，但我只能按政策办。

第5章
二次元的会议纪要

分管副县长开了个专题协调会，
这个会的召开，源于一次咬耳朵。
那天，在领导班子中心组学习会上，
县长对坐在旁边的王副县长说：

老王啊，江山镇的那起征地上访矛盾拖了一年多了吧。这个矛盾当初让县人社局牵头是欠考虑的，不是说人社局不努力，问题是他们没有做群众工作的经验，也没有维稳的工作手段，按照三定方案也不该由它牵头。这个矛盾的化解要落实属地管理责任，让镇政府牵头。当然，人社局也不能撂挑子，要从政策上加强指导。这是书记的意思，我也是这个意见。请你抓紧协调一次，把它调整过来，同时要求镇里加把子力气。

第二天，分管副县长老王召开专题会，

贯彻落实书记、县长的指示精神。

会后，小白很快把会议纪要写好。

其中，关于落实矛盾的属地管理这一段，

写得比较忠实于副县长在会上的原话：

……

会议经研究明确了以下事项：

1. 调整化解工作体制。原来由县人社局牵头化解的工作安排有欠考虑，因其缺乏化解工作力量，且职责依据不足，现改为由江山镇政府牵头，落实属地管理责任，县人社局配合。县人社局角色转换后，不能撂挑子，要从政策上加大对镇里的指导支持。

2. ……

3. ……

县府办主任看了之后，对小白说：

你这样写也不能说你错，

我虽然没有参加这个会，但我大致知道，

属地管理

副县长在会上确实会像你写的这样说，

可是，这样写可能会伤及无辜。

比如，原来指派人社局牵头的领导，

看了这份纪要肯定心里不舒服。

原来安排有欠考虑？谁欠考虑？说谁呢？

说不定当时指派人社局牵头的领导，

现在已经担任更重要的领导职务，

糊里糊涂写，得罪了人自己都不知道。

非要顾及领导面子？难道不该一切从有利于工作出发吗？

问题是，多得罪一个人并非做好这项工作的必要条件啊！

再说了，原来为什么让人社局牵头？

很可能别的单位都扯皮推诿，

当时县里某领导临时指派人社局牵头，

人社局任劳任怨牵头负责一年多，

俗话说，没有功劳也有苦劳，

牵头

现在反而被你警告不能撂挑子，
你说，人社局委屈不?
经过主任修改，最后这样定稿：

> ……
>
> 会议经研究明确了以下事项：
> 1. 调整完善化解工作体制。强化该矛盾的属
> 地管理责任，明确由江山镇政府牵头，县人社局
> 配合，从政策上加大对江山镇化解矛盾工作的指
> 导支持。
> 2. ……
> 3. ……

空下来的时候，主任对小白说：
文艺的文字材料追求信达雅，
这方面的知识，你可能知道得比我多，
其实，写公文也需要信达雅，
会议纪要就必须符合公文的信达雅。
信和达，是把会议精神写准，

把会议确定的事项写清楚、写到位。
对于文艺的文字作品，雅就是美，
公文里不完全这样。公文的雅，
并非合辙押韵，也不是引经据典。

**公文的引经据典不能
多，形容词的使用也要节
制，防止华而不实。**

公文的雅，主要指这样两层含义：
一是正面写。要中正平和，
要"正说"，而不要把正话反过来说，
一般写要做什么，少写不要做什么。
比如，关于人社局从主角变配角怎么写?
要加大指导支持的力度，这是正写，
人社局不能撂挑子，这就是反写。
要按"合作推定"而不是"扯皮推定"来写。

公文不要轻易给某（类）单位贴上推诿扯皮等负面人设的标签。

二是只写新要求。一般不兜底翻旧账。

不必写从原来的什么体制，

调整、改变成现在的什么体制，

除非翻旧账对推动工作有作用。

做到以上两条，就会发现，

你写的会议纪要就是二次元的：

不懂的人看不懂，懂的人一看就懂。

即，不了解情况的人看了，

觉得是在重申强调老话、套话，

比如，属地管理就是机关的高频词汇，

它是社会管理、政府管理的重要原则，

这一点，机关大多数人都知道，

正因为大家都知道、都熟悉，

就会误以为原来一直是镇政府牵头，

只不过这份纪要又作了重申强调。

> 也怪媒体平时重申强调得太频繁了。

但是，参加会议的人都明白：

牵头与配合单位之间已经换防了！

这项工作的体制机制发生了重大变化！

书记和县长看了，也会接收到密电码：

他们交办王副县长的事已经落实了。

> 你是说，公文也要写成不同的人看出不同的哈姆雷特吗？

> 我也想写得简单明了呀，可是社会的复杂性它不允许啊。

老万所在处室，写会议信息稿件最多，

这种稿件的水平有多种衡量标准，

其中之一、大家比较公认的标准是：

旁观者的老套话，
知情者的密电码。

主任说，会议纪要的写只是一方面，
学会听，可能更加有难度。
比如，主持会议的最高领导经常说：
刚才几位的意见对我很有启发，
我都赞同。下面，我再谈几点意见，
可能许多都是重复刚才几位的话。

会议的最高领导所说的我都赞同，
有时并非真的全都赞同。为什么？
这就又涉及机关用词的度量衡问题，
口头表达的水分大于书面表达。

非常赞同 = 赞同
赞同 = 基本赞同
基本赞同 = 基本不赞同
基本不赞同 = 坚决反对

在领导总结讲话中，只要不是完全赞同，
就需要仔细听清、严格甄别：
哪些内容被领导重复了，哪些没重复，
哪些虽然观点差不多、但表述不一样，
最后，必须按新的表述写进纪要。
这也意味着，根据某些领导习惯，
没被他重复的内容，不能写！

机关为什么有自己的度量衡？

云贵川湘鄂赣的人说不辣，与包邮区的人说不辣，它是一个概念吗？

许多文秘都有这样的经验，
有的领导，凡是希望写进纪要的话，
他在整个会议中至少重复三次：
开场白讲一次、中间插话重复讲、
会议总结的时候再讲一遍。
而且，会议总结讲的这一遍最要紧，

重要的事情，一直在领导脑子里盘旋，
开场白讲的时候，情况还不完全了解，
插话的时候是即兴的、有感而发，
当时来不及斟酌、推敲文字，
所有不足，都在总结讲话的时候挽回，
所以，总结讲话可能与之前有细微差别。

凡是最高领导反复提到的观点、词汇，
写的时候甚至要用领导的原话。
如果你怀疑领导原话不是最佳表达，
这种怀疑需要认真求证，
可能是因为你看书少、见识短，
只要语法上没毛病，就不要改，
哪怕领导原话比较笨拙。
笨拙可能更质朴，是一股清新文风。

凡是领导转述他的领导的指示，
那肯定是重中之重，重点的平方、立方，
这些内容必须写进纪要，必须写原话！

一级对一级负责，这就是行政伦理。

还有的领导会有这样的习惯：
凡是特别希望写进会议纪要的话，
他一边讲、一边不自觉朝文秘方向看。
坐在后排的文秘可别大意了，
千万不要以为领导注意不到你这角落，
领导在人群中多看你一眼的意思是：
兔崽子别又开小差，这是重点，别漏写！

机关为什么要把意见分歧表达得很含蓄？

君子和而不同。

最后，主任对小白补充说：
刚才我们虽然谈的是会议纪要，
其实，写会议信息同样适用。

以上，只是截取了会议纪要的一小段，
其余内容请自行找几篇会议纪要浏览。

会议纪要的结构：
会议概况 + 讨论经过 + 会议观点 + 明确事项

其中，"会议观点"有时不单独写，
可以放在第二部分的结尾，
或第三部分的开头，是一小段务虚文字，
这段文字写作要求高，难度比较大。
所谓要求高，因为它是工作思路的体现，
这是对召开会议的领导的考验，
所谓难度大，指对写会议纪要文秘的考验。

电视剧《一地鸡毛》中的处长男老张，
曾经批评女小彭写材料思路混乱，
女小彭还不服气，干脆不写了。
老万年轻时，对"思路混乱"这个词理解错了，
把它理解成有思路、但思路不对；

 思路

现在，老万认为它是指根本没有思路！
在此，我要指出一个非常严肃的问题：
写材料，首先必须执笔者有认识、有想法，
这个有认识、有想法，就是指有思路。

有的文秘，虽然自己没什么思路，
但他能听懂领导思路，快速进入角色，
而且有的是从领导的含蓄讲话中悟出思路，
这就叫有悟性、有灵气。
这种悟性有先天因素，但主要靠积累。

就拿征地农民上访的矛盾来说，
作为文秘，你对这件事怎么看、怎么想？
你对解决这件事有没有思路？
县长对王副县长说的那一段话，
浓缩为一句话就是：主角与配角换位置，
为什么要换？县长讲了三个理由：
一是人社局没有做群众工作的经验，
人社局历史上就是强势的部门，

 悟性

管工资、管福利，管着巨额的社保金，
就像你们单位的 HR，你敢怒不敢言。
二是人社局没有维稳的力量，
一大群农民到人社局上访，围得水泄不通，
只有保安是不行的，必须有公安，
但人家不吵不闹，人社局没理由报警。
三是人社局的三定方案里没写这个职责，
现在越来越强调依法行政，
三定没写、法律没有授权，难办。

顺着这个思路，分析这个矛盾的因与果，
分析矛盾的外在表现与内在原因：
这批征地农民，经常上访，
从镇政府、县政府，到省政府、北京上访，
这是矛盾的外部表现。为什么上访？
因为觉得土地没有了、但保障不到位，
为什么久拖不决？因为人社局也有苦衷，
有什么苦衷？上面分析了三方面原因。
为什么陷入这种被动局面？

🔊 外部表现 ▸　　　　😊 ➕

因为当初的县领导乱点鸳鸯谱，
让人社局牵头，这是不对的！

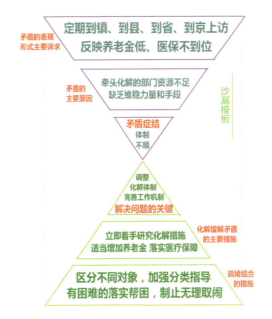

以上这段分析，就像沙漏模板的上半截，
刚才提到的体现思路的一段务虚文字，
就可以对着沙漏的上半截来写：

🔊 化解缓释 ▸　　　　😊 ➕

......

　　会议经过讨论分析认为，该矛盾之所以愈演愈烈，主要是作为牵头单位的县人社局，不具备化解职责和手段，因此，解决问题的关键是调整化解工作体制。

　　会议经研究明确了以下事项：

　　1.调整完善化解工作体制。……

　　这段话，既体现了思路，也承上启下，
　　这是会议纪要这个文种的核心内容，
　　提纲挈领地指出问题症结、化解工作的关键。
　　可以写在第二部分的结尾，或第三部分的开头：

......

　　会议经研究明确了以下事项：

　　会议经过讨论分析认为，该矛盾之所以愈演愈烈，主要是作为牵头单位的县人社局，不具备化解职责和手段，因此，解决问题的关键是调整化解工作体制。

　　1.调整完善化解工作体制。……

再看沙漏模板的下半截，就是解决问题的思路，
　　也是会议纪要最后部分的写作思路：

......

　　会议经研究明确了以下事项：

　　1.调整完善化解工作体制。……

　　2.适当提高保障水平。养老金增加多少元……医疗保障给予什么样的待遇……

　　3.加强分类指导。适当提高保障水平后，仍然有困难的……再落实个别的帮困措施，做到仁至义尽。在此基础上，对提出过分要求、无理取闹的……

　　任何问题，从哲学角度分解，
　　都可以区分出主要矛盾、次要矛盾，
　　矛盾的主要方面、次要方面，
　　专题会议研究的问题，可以参照沙漏模板。

　　以上，分析了专题会议纪要，
　　还有一种定期例会性质的会议纪要，

比如，县委常委会会议、县政府常务会议，
这类会议纪要，一般格式是：

常务会议纪要的结构：

会议议题目录 + 分议题逐一纪要明确的事项

有的地方，政府常务会议纪要没有目录，
或者，议题比较少的时候没有目录。

常务会议纪要的结构：

分议题逐一纪要明确的事项

总之，常务会议的纪要以干货为主，
可以看成专题会议纪要的合订本，
即，每个议题都主要写结果，很简练；
事情由来、讨论过程，所占篇幅不多。

< **万华写材料网友群(102)** ...

会议认为、指出、强调、要求，有区别吗

百度了，很困惑

 常委会会议

会议纪要的分析到此为止。下面是花絮。
老万的网友曾经提出左图这样的问题。
与会议相关的公文以及会议信息，
高频使用"会议认为""会议指出"
"会议要求""会议强调"等引导词语，
这些词语的含义和用法，值得分析，
老万在本书的第 14 章会详细分析。

老万，你准备讲"茴"字的 4 种写法了吗？

看起来像抠字眼，其实不是。

有个更重要的内容必须趁热打铁，
还是回到刚才所说的写材料思路问题。
杀个回马枪！现在，请你思考一下：
前文所写的征地农民上访矛盾，
对于化解工作，你还有什么思路？
如果你是县人社局领导，你怎么想？

 引导词语

如果你是江山镇领导，怎么想?
按照老万的沙漏模板分析的思路，
你看出什么问题没有?

**对一项政策的全面了解，
必须要有足够深厚的积累，才
不会被表象所迷惑。**

征地上访群体的诉求主要是，
赖以生存的土地没了，保障却没有到位，
尽管之前所依赖的那些土地，
产出数量有限、农产品价格偏低，
并没给农民带来比较富足的生活，但是!
你拿走我土地，就得用社保来交换，
机会难得，不哭不喊，以后没人理你。

为什么有关部门不把保障给到位?

保障

给到位与否，是个动态概念，
二十年前，整个社保体系不健全，
对于被征地的农民，如果是老年人，
就由乡镇按月发养老金，当时叫生活费，
当然，生活费标准是比较低的，
当时没有社保概念、没有个人账户概念，
乡镇有钱就多发一点，没钱就少发或拖欠;
被征地的时候，如果是年轻人，
就采取"吸劳"的方式，算是补偿，
就是把农民吸收到工厂里当工人，
当工人，在当初是农民梦寐以求的事，
后来有的工厂倒闭，没了生活来源。

再后来，政策越来越健全，被征地的农民，
就会被纳入省市一级统筹的社保，
政策很复杂，老万遇到社保政策就头疼。
具体政策不去分析了，反正大家知道，
这几十年，各领域的政策都是渐进完善的，
毕竟大家都在摸着石头过河嘛。

吸劳

江山镇这批上访对象，被征地的时间点，

可能处在某项政策的新老交替之际，

看到后来者的保障水平更高，当然不服气，

那就去闹呗，反正闹了多少能给点，

不闹肯定不会有，谁愿意吃哑巴亏！

作为政策的制定和解释部门，

县人社局的领导，能不能松口？

当然不能！人社局其实是没有退路的，

你想啊，新政之前一个月被征地的，

如果可以追溯享受新政策，

那么，两个月的、三个月前的怎么办？

如果把前几年的征地农民都纳入新政，

只要当地有这个财力，当然很好，

> 不患寡，
> 患不均。

如果财力不允许，那只能硬扛着不松口。

之前的县领导为什么让人社局牵头？

可能想从政策上彻底解决、批量解决。

现在的领导为什么让镇政府牵头？

就是考虑到政策上批量解决不现实，

)) 追溯

😀 +

只能继续硬扛着、拖时间。

机关有句老话说得好：

老人老办法、新人新办法。

这就是事物规律，也就是人性。

那为什么还要让人社局作为配合单位？

其实就是考虑在可能的情况下，

给老的政策打点补丁、维持稳定。

为什么要分析征地政策沿革以及工作策略？

因为老万想告诉读者写材料的实质。

写材料的实质就是写工作，就是学习社会套路、探求江湖规律的过程。

千万别把主要精力用于文字的花样翻新，

)) 打补丁

😀 +

收藏《最新公文排比句一百例》没什么用！
仅靠拼凑排比句就糊弄过关的稿子，
本身就不具有工作内容的含金量，
对个人业务能力提升帮助不大。
以老万个人经验，随着对工作的了解，
随着写材料时间越长、数量越多，
那些排比对仗、引经据典自然就会写了，
那是学习工作内容得到的副产品，
不建议花时间进行专门学习。

补充说明，征地农民这个会议纪要，
应该写于十多年前的某个专题会后，
现在，这类遗留问题都已经解决了，
社会保障已经全覆盖了。

包

//// **人物志** 7

包祖丽，
中年女性企业主，
主业做得不大，炒房赚得不少，
人送外号"包租婆"。
这个象征财富的外号，她非常受用。

她的钱主要花在化妆品、名牌包、
首饰、内服或外用的各种保健品等。

参与过民间借贷、投过 P2P，没关系！
这点损失全被她的房地产升值覆盖了。
被骗了几次之后，经常跑到政务服务窗口，
求证某些投资渠道是不是靠谱，
顺便看看别人都在注册什么样的企业。

房地产进入平台期后，她在犯愁，
还有什么渠道让她的财富增值？
只要别人给她介绍项目，她就兴奋，
别人给她热心讲解投资回报，她总不耐烦：
好了，不用说了，我还信不过你！
你就直接告诉我年化收益率是多少。

  年化

第6章
报告有时答非所问

报告有两类，一是主动汇报的报告，
二是被动答复上级询问的报告。
本文分析答复询问的报告，
这种报告的最大特点是，
领导问一，一般需要答三，
这就是机关的所谓举一反三。

下面的例文，模拟情境是这样：
市领导打电话问区领导说，
你们区有社工到市政府上访了，
反映这次加工资没加成。
到底怎么回事？请查一下。

老李啊，今天我在信访办接待了一位上访对象是你们区的社工，说是这次薪酬改革把她给漏了，说是街道办的人事科长给她穿小鞋，又说街

 社工

· 65 ·

道领导护短。向区民政局、人保局反映多次也没解决。我听下来好像也没原则问题，这个事请你关心一下，妥善化解矛盾，把好事办好、实事做实。

市领导打的这通电话，就属于询问，
上级领导常用的询问方式包括：
批示、打电话、当面询问。
无论领导是书面还是口头询问，
下级机关都需要认真回复，
可供选择的回复方式见下图：

不同回复方式的适用情况和利弊分析

回复方式	适用情况	利弊分析
电话回复	情况简单明了	比较快捷
当面口头回复		显得比较重视
专报回复 (信息)	情况比较复杂	显得比较正式
报告回复 (公文)	一两句话说不清	最正式

当上级打电话或当面询问，
如果下级对情况了解得非常清楚，
那可以当场向领导口头回复。

当场事、当场了结，干净利索！

当场答不上来，说明官僚主义。

你以为区政府是装修队，只有瓷砖地板那点事。

机关的事，不像装修队那么简单，
特别是中高级机关更是如此，
即便当场回复了，如果事关重大，
事后可能也需要补一份书面报告。
这类报告的结构一般是两大块。

答复询问的报告的结构：
正面答复 + 全面答复

比如，你去北京开会回来，
领导问：这次会议开得顺利吧？
必须先正面回答开得顺利或不顺利，

护短

中高级机关

或者回答：总的来说比较顺，

不过也发生一个小插曲。

这是正面答复，然后还要全面答复，

向领导汇报会议的主要精神。

然后，汇报发生了什么小插曲，

如果领导还有兴致，就八卦一下，

把小插曲的细节讲一讲。

只写两大块，有时心有不安，

事实可能不完全是这样，觉得委屈，

那就多写一块，结构变成 3 大块。

答复询问的报告的结构：
正面答复 + 全面答复 + 延伸答复

举一： 直击问题，正面回复。

反三： 问题周边，全面回复。

延伸： 问题之外、主题之内，

写本单位希望上级知道的内容。

举一反三

看似答非所问，其实一点没跑题。

下面是按照 3 大块结构拟写的报告。

庆丰区关于化解某某信访矛盾的报告

市政府办公厅：

　　某某副市长某月某日电话询问我区某某副区长有关社工薪酬改革中个别社工信访的情况后，我区当天即开展调查。有关情况报告如下：

　　一、某某社工信访事由及化解进展情况（略）

　　二、庆丰区社区工作者薪酬改革有关情况（略）

　　三、庆丰区贯彻市 18 号文件精神取得明显成效（略）

第一块，有时简洁、有时复杂，

具体要看这件事是不是复杂，

还要看矛盾是不是已经化解了，

如果矛盾已经化解，可能就比较简洁，

答非所问

直接向领导报告结果，过程不重要；

没化解就要写理由，篇幅不会短。

下面，假设矛盾已化解，三块并成两块：

庆丰区关于化解某某信访矛盾的报告

市政府办公厅：

　　某某副市长某月某日电话询问我区某某副区长有关社工薪酬改革中个别社工信访的情况后，我区当天即开展调查。经查，该社工反映情况基本属实，主要因其无法提供之前单位的就业档案，街道人事科一时无法核定其薪酬，引发上访。该矛盾经前昨两天协调，已得到妥善化解。同时，我们举一反三，对全区薪改情况进行了排查并全部化解。有关情况报告如下：

　　一、庆丰区社区工作者薪酬改革有关情况（略）

　　二、庆丰区贯彻市18号文件精神取得明显成效（略）

即

下面，按两大块结构继续分析，

帽子写"举一"，接下来写"反三"部分，

这里所谓的三，是泛指，

指围绕问题周边，全面汇报情况。

下面是这块内容的例文：

　　一、庆丰区社区工作者薪酬改革有关情况

　　今年某月，市18号文件颁布后，我区积极贯彻落实，总体进展良好。其中，薪改工作是18号文件的重中之重，为确保薪改平稳实施，着重抓了三方面：一是……二是……三是……。目前，该工作已近尾声，我区共涉及薪改对象XX人，截至昨天，对8街8镇、288个村居排查，共发现8件个案矛盾，情况与前天到市上访的某某类似，都是因为外单位工龄、军龄、学龄是否计入加薪工龄引发争议。为把社工薪改这件好事办好、实事做实，发挥其对调动社工积极性的正向效应，经区里反复研究并商市民政局、人保局同意，拟将他们中涉及的外单位工龄、军龄全部计入，学龄不计入，8名同志都表示接受。

问题周边

这段内容，之所以称之为反三，
就是答复的范围比领导询问的更大，
把直接相关情况都和盘托出了。
这块内容有两个小的写作要领：
一是在写面上情况的同时，
兼顾补充上级关注的细节。
比如，帽子段没写矛盾化解方法，
这里就要具体写清化解情况。
二是必须呼应上级询问中的叮嘱。
比如，市领导在电话里说过，
要把好事办好、实事做实。
呼应这类叮嘱，一般用领导原话。

写到这里，按说已经答复了领导关切，
这份报告是不是就可以结束了？ No！
仅仅写到这里，区里并不甘心！
也不能问一句答一句，挤牙膏似的。
再说了，出了问题被电话询问，
显得很被动不是？需要挽回局面！

叮嘱

为什么一定要延伸、多写一块？

否则没机会展示好的一面呀！

只有再延伸写一些相关内容，
才能构成这项工作的全面情况，
也才有机会把好的一面呈现出来，
这是人的本能，也是法人性格。

怎么延伸写？写什么内容？
薪改是 18 号文件的 6 项内容之一，
18 号文由 1 个总文件 +6 个子文件构成，
俗称 "1+6" 文件，大标题：
创新社会治理，加强基层建设。
延伸写，就是跳出薪改 "子项目" 工作，
系统回顾一下 "母项目" 的工作，
那么，就要再次从贯彻落实 18 号文去写，

治理

下面是延伸部分的写作例文：

二、庆丰区贯彻市 18 号文件精神取得明显
成效

市 18 号文件颁布几个月来，我区积极贯彻
落实，确保规定动作全面到位，力求自选动作富
有特色、富有成效。具体表现在：一是……二
是……三是……。我们感到，以上成效的取得，
充分证明市 18 号文件方向正确、针对性强、操
作性强。同时感到，基层社工是社区工作的关键
因素，此次薪改极大激发了广大社工的光荣感、
责任感，工作积极性明显提高。有的社工表示……
还有的表示……有的放弃了跳槽，打算长期安心
社区、奉献社区。我区将趁势而上，抓好创建无
群租街镇、垃圾分类示范街镇活动，为创建全国
文明城区打下坚实基础。

请注意！写"母项目"工作的目的，
仍须瞄准再次回到"子项目"工作，
因此，从"同时感到"开始，

 自选动作

后半部分又绕回来写薪改问题，
就是想表达：尽管薪改存在工作瑕疵，
出现了几个信访矛盾个案，
但瑕不掩瑜，薪改工作的整体情况是好的，
社工队伍建设的整体情况也是好的！
也就是说，这块内容看似写远了，
其实是再次呼应和强化了主题，
薪改只是措施，目的是调动积极性，
我们区社工目前的精神面貌这么振奋，
当然说明薪改的主流是好的。

老万非常佩服有的社区干部，
经常琢磨他们的口头表达技巧，
从中领悟很多写材料的要领。
下面是社区干部回应大领导的一段话，
这段简短对话的情境大致是：
市领导到社区视察或慰问，
区领导、街道办事处领导作陪，
走走看看，最后在居民区活动室座谈，
座谈即将结束的时候，市领导说：

 主流

居民区干部直接面对老百姓做工作，
特别是疫情防控，工作量很大，大家都很辛苦！
你们要多关心爱护，帮助基层干部解决实际困难。

这话显然是对在座的区和街道负责人说的。
这个时候，不等区和街道负责人回复，
聪明机灵的居民区干部就及时插话，说：

市1+6文件颁布后，区里和街道都很关心我们，像我原来是聘用干部，现在解决了事业编制，职业的稳定性、光荣感增强了。我们居委会全职的7名成员，这次薪改每月增加一千多块钱，考上社工的多加几百块，整体的凝聚力增强了。我们今年被评为无群租小区、垃圾分类示范小区，没有发生一起信访矛盾。

这段插话，非常具有典型性，
老万在新闻里听到这段话，
就知道自己连居委会工作都难胜任，

实际困难

他们在与人打交道中锻炼出很强的本领。
这段话很像答复询问的报告的极简版，
也是举一反三、答非所问。
大领导嘱咐区和街道负责人关心基层干部，
按说，居民区干部只须回答一句话：
"区里和街道办平时都很关心的。"
但是，这个居民区的负责人很会说话，
说了这么一大段非常得体的话，
这段话的精彩之处在于：

一是现身说法，生动活泼。
从自己解决事业编制的事情说起，
再说到班子全体成员的情况。

二是向领导反馈了薪改的落实情况。
你也许好奇，薪改政策不是领导定的吗？
还有必要向领导报流水账吗？
非常有必要！政策是领导定的不错，
但是亲耳听到从基层同志亲口说出来，
领导的感觉还是不一样的，

事业编

向领导传递了基层同志的朴实，
给点阳光就灿烂，基层同志懂得感恩。

从口头报告会面书面报告的原理

（情境：市领导观察基层，与区领导、街道负责人、居民区干部座谈）

□ 市委书记说：即导说去，现在解决了事业编制，职业的稳定性，光荣感增强了。我们居委会全额的7名成员，这次调整政策的效果

□ 居民区书记讲起，开门见山回复领导关切，区里和街道都很关心，光荣感增强了。我是新政策的多加×百元，这是最新政产业的凝聚力增强了。我像我原来是聘用干部，然后评聘，整体情况

（转向对区、街道领导说）要多关心爱护，帮助解决实际困难。

高二千多块，考上社工的多加×百元，这是效果的证明为文明小区，无群租小区，没发生一起上访矛盾。

感恩

三是趁机又向领导自我表扬了一番，
什么示范小区、无群租小区，没有信访矛盾，
也许座谈会一开始就汇报了工作成绩，
现在又提一次，加深领导的印象。

四是站位高、逻辑性强。
请大家注意几个句子的语序，
第一处是说自己进了事业编制之后，
没有马上提钱，而是说稳定性、光荣感，
大家知道，事业编制与聘用最大差别是待遇，
不但工资涨一大截，退休金差距更大。
但是，这位基层干部懂得先务虚、后务实，
先说职业稳定性、光荣感，再说报酬，
思想境界一下子拔高好几丈。
第二处是说加工资后班子凝聚力增强，
怎么证明？凝聚力强并不是凭空说的，
有实事：获得示范称号、没有上访。

以老万的临场水平，像这么得体的插话，

务虚

可能一辈子都没说出过几次，
老万天生胆小，在领导面前情商打折。
不知道这位居民区负责人怎么炼出来的，
是应对这样的场面多了、熟悉了，
还是事先做了充分准备，打腹稿是起码的，
说不定还要写出来，再修改几遍。

这么看来，还是口头回复干脆利索。

常写材料的都知道，有些话好说不好写，有些话好写不好说。

打电话，或者当面回复领导，
干脆利索确实是干脆利索，
最大的不足是，没留下痕迹，
倒不是说做工作都要留痕，不是为了形式，
而是需要一个载体进行举一反三，
让大家从中吸取经验教训，
不能发生了上访矛盾就放过去，

痕迹

要尽量避免以后少犯相同的错误。
怎么防止？至少要让大家知道有这回事，
怎么广而告之呢？需要载体，
总不能让区领导一遍一遍到各单位复述吧。
书面回复就可以解决载体和传达问题，
让机关上下受到警示，多根弦：
今后凡是涉及人财物的工作，
涉及广大群众和基层干部切身利益的事，
不能粗枝大叶，要追求精细化，
要把好事办好、实事做实。

这段插话与答复询问的报告非常相似，
答复的内容，超出领导询问的范围，
内容的丰富性、精彩程度，也超出领导预期，
答复内容所体现的高度，超出一般认知，
这就好比舞蹈中的"倒踢紫金冠"：
开"头"一亮相，就获得满堂彩，
紧接着一段唱念做打，引人入胜，
最后"飚"个高音，再把脚倒着踢得比头高。

复述

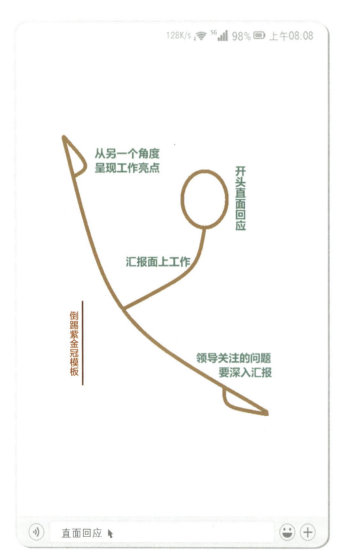

从另一个角度
呈现工作亮点

开头直面回应

汇报面上工作

领导关注的问题
要深入汇报

倒踢紫金冠模板

直面回应

办事指南

创业项目

//// 人物志 8

外

老外，
对他，咱就不较真了，
他叫什么名字并不重要。

只知道他是一个会说多种汉语方言的老外，
在北上广深都混过，混得特别滋润，
先后打过什么工，他自己都记不清了。
比如，有好多句台词的群众演员，
旧东方学校的英语老师，综艺节目跑龙套。

跑龙套

他选择哪个城市工作生活，全凭菜谱而定，
成都有个创业项目，上海也有一个，怎么选？
关键看火锅和腌笃鲜，哪个可以吃不腻。
他还通过选举进入某居委会担任兼职成员，
他入户做过纠纷调解，最终，
以他免费教一个月口语为条件，定分止争。

最近，他有个创业项目，想申办企业。
对于热情的窗口工作人员，他忍不住打断：
抱歉！请你还是说中文吧。

 定分止争

第 7 章
正襟危坐面面俱到的报告

人们通常喜欢把说话啰嗦称为作报告，
说明这个文种篇幅肯定不会短，
尤其是汇报工作的报告更是如此。

某某省政府关于 2019 年工作情况的报告

国务院：

刚刚过去的 2019 年，是新中国成立 70 周年。一年来，在党中央坚强领导下，在中共某某省委正确领导下，我们坚持……各项工作取得了预期成效。现将有关情况报告如下：

过去的一年，我省工作成绩主要是 5 个方面：

一是经济运行逐步向好。（略）

二是高质量发展态势更加明显。（略）

三是三大攻坚战取得关键进展。（略）

四是城乡面貌发生可喜变化。（略）

 作报告

五是人民生活水平稳步提高。（略）

一年来，我省主要抓了以下工作：

一是扎实做好"六稳"工作。（略）

二是推进产业转型升级。（略）

三是深化改革开放创新。（略）

四是推进城乡区域协调发展。（略）

五是加强生态文明建设。（略）

六是全力保障和改善民生。（略）

在总结成绩的同时，我们也清醒地认识到，我省发展仍面临一些矛盾和问题。主要是：……

2020年是……之年。我省将……确保全面建成小康社会和"十三五"规划圆满收官。

今年经济社会发展的主要预期目标是：地区生产总值增长6%；城镇新增就业60万人以上，城镇调查失业率5.5%左右；居民消费价格涨幅3.5%左右；居民收入增长与经济增长基本同步；现行标准下农村贫困人口全部脱贫。

以上报告，如有不当，请指正。

某某省人民政府

2020年1月某日

六稳

据了解，很多省区市政府有这样的习惯，年末或年初，向上一级政府报告工作，有的报告全面工作，有的报告重要单项工作。所谓重要单项工作，比如，自贸区建设、大湾区建设、长三角一体化发展情况等。

这篇报告的就是省政府的全面工作，内容脱胎于省"两会"政府工作报告，老万觉得，这类报告的大部分内容，对于中央来说，并没有什么价值。遮住地名，根本看不出是哪里的报告，也看不出是省还是市或县的报告，因为现在乡镇写报告也是这种语气。在第一部分"经济运行逐步向好"中，会写该省2019年的经济社会指标数据，这些指标如果不是特别高或特别低，意义不大，因为国家统计局已经有了，而且更权威。工作措施部分，一般都是大路货，也很难写出对国务院有参考价值的内容。

"两会"

下级写给上级的材料，
既要对照上级的口径，又切忌
写得太像上级的材料，切忌篇
幅太长。

作为年初向国务院报告工作的报告，
唯一有价值的是最后关于指标的一段。
通常，地方"两会"早于全国"两会"，
国务院向人大报告年度经济社会发展指标，
很大程度上要看各省区市的指标安排。
小河有水，大河才能满，
支流的水位和流量，决定了大河的水位。
每个省区市的指标汇总到国务院，
国务院确定全国的指标就有了基础。

汇报工作的报告的结构：
帽子 + 工作成绩 + 工作措施 + 存在不足 + 下步打算

这 5 个块面中，第 2 和第 3 块是重点，
占了大部分的篇幅，其他都只有一小段。
第 2 和第 3 部分，有时也有其他组合，
比如，工作成绩与措施糅在一起，写成一大块，
或者，工作成绩 + 主要做法 + 基本经验。
块面多，意味着写作的维度多，
有时是因为多位领导都有很好的观点，
都要把它体现出来，只能多写几个维度。

进一步分析这份报告的中间部分，
前面 5 条，写过去一年的成绩，
后面 6 条，写所采取的措施，
初学者可能容易搞混，比如，
前面的第四条"城乡面貌发生可喜变化"，
与后面的第四条"推进城乡区域协调发展"，
这两块的内容是什么关系？怎么切分？
前面主要写成绩，一般是写能看见的、
听见的、感受到的，数据能够直观反映的。

比如，写农村交通一年来的改善情况，
农村道路从多少公里增加到多少公里，
道路通达率提高了，实现了行政村全覆盖。
再比如，写城乡收入差距缩小了，
具体缩小多少，用数据说话。

而后半部分是写工作措施的，
围绕改善农村交通，政府做了什么工作？
比如，加大财政投入，引导社会投入等。
所以，前半部分与后半部分的关系是，
成绩与措施、结果与原因的关系，
这个关系像是"三川"模板，见右图：
上半部分写成绩，下半部分写措施。
一半是横向写，一半是纵向写，
纵向是柱子，支撑横向的成绩。
这是把政府作为一个整体而言的果与因，
具体到部门或地区，因与果是相对的，
条线部门的果，可能是地区块面的因，
甲部门的果，可能是下游乙部门的因。

全覆盖

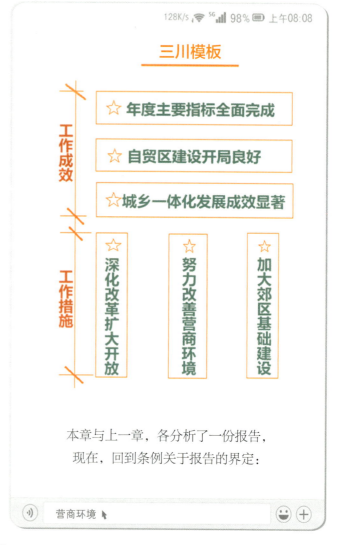

本章与上一章，各分析了一份报告，
现在，回到条例关于报告的界定：

营商环境

10. 报告。适用于向上级机关汇报工作、反映情况，回复上级机关的询问。

以上这句话，有一个逗号、一个顿号，
逗号之前的是主动报告，之后的是被动报告，
这两种大类报告、可以细分为 3 种小类。
第 6 章的报告，属于逗号之后的被动报告，
答复上级机关（或某领导）的询问。
本章的报告，属于逗号之前这个大类，
是本级机关主动向上报告。

顿号前后的**汇报工作**与**反映情况，**
这两者还有差别吗？是的，有很大差别，
那么，哪些是工作？哪些是情况？
以老万有限接触的文秘岗位的新人来说，
有时不会意识到这两个概念的差别。
站在某机关的角度看问题，
"工作"是指该机关采取的措施及其效果，
凡是与其主观能动性直接或间接相关的，

可以称之为工作；而"情况"的含义更广，
可以是指与工作直接相关的情况，
也可以是指间接相关或无关的情况，
与工作无关的情况，又称"社会情况"，
工作侧重主观，情况侧重客观，
工作侧重动作，情况侧重状态。

仍以农村发展为例，如果站在县政府角度，
县财政拨款修公路，这是工作措施，
县政府出台鼓励社会资本投资修公路的政策，
这也是工作措施。社会资本到位了，
公路里程增加了、村村通了，
这是工作效果，而且是强相关的直接效果。

本县农民今年买私人汽车的增多了，
这也可以说是工作效果，是间接效果，
因为与政府修路具有一定相关性，
是必要条件，但不是充要条件，
路修好了，具备了买小汽车的外部条件，

 情况

 社会情况

但也得农民收入增加买得起才行。
本县农民最近更喜欢买新能源汽车了，
这个结果就不是本县的工作措施产生的，
这可能与新能源汽车补贴政策相关，
而补贴政策是全省乃至全国的政策，
本县并没有给补贴，所以，
对县政府而言，这类就属于情况，而不是工作，
如果县政府向省政府报告这个情况，
就属于"反映情况"，而非"汇报工作"。

再比如，本县农民今年有个时髦风气，
流行在私人小汽车上系个红绸带，
系在轮毂上、反光镜的脖子上，避邪！
这就更是情况而不是工作了，
因为这个风气与政府完全没关系。

系红绸带没什么害处，不用汇报；
假如农民喜欢在汽车后窗塞长毛绒玩偶，
还塞靠垫，满满当当，这是安全隐患，

隐患

这个情况就要汇报，这是重要情况，
县交警支队汇报市交警部门，
研究怎么管理、要不要处罚。

公文是这样，信息简报也是这样，
老万所在单位的简报有两个相近的栏目，
名称分别是"重点工作推进""重要社会情况"，
新来的文秘一开始搞不清两者的区别。

汇报工作的报告，又分综合报告与专题报告，
这个从字面上也不难理解，
反映年度全面的工作，当然是综合报告，
如果反映自贸区发展情况，就是专题报告。
当然，综合与专题也是相对的，
自贸区报告与政府工作报告比，算是专题，
自贸区报告与平行进口汽车报告比，又是综合的。

报告这个文种有几个特点：
一是突出重点、点面结合。突出重点是指，

突出重点

· 80 ·

以中心工作为主线；不要写成流水账。

点面结合是指，既要有概括叙述，

也要有典型事例，避免空泛无物。

这条感觉小学或初中语文老师讲过了，

但是，老万还要再啰嗦几句。

刚才的报告中，政府拨款修路是重点，

出台政策吸引社会资本修路也是重点，

村村通、农民小汽车拥有率也要写；

但是，农民热衷购买新能源车不一定写，

农民喜欢在反光镜脖子上系红丝带不用写，

这两点不是你的作为，所以不是重点。

二是要尊重工作的本来面貌。

无论报告工作还是情况，都要实事求是，

工作中存在问题和困难很正常，

要坚持不夸大成绩、不缩小问题，

不仅报喜，也要报忧。

这条说起来容易、做起来很难，

这不是对文秘的要求，这是对领导的要求，

只要领导能做到，文秘当然没问题。

定性描述成绩含糊夸大一点也就罢了；定量的数据不要掺水，不要迎合。文秘要保护自己。

三是报告中不能写请示事项。

这条必须提醒，但现实中经常发生差错。

这条的重要性可以到什么程度？

凡与公文有关的考试，这条必是考点！

老万第一本书有几个章节专门论述，

学术论文级的深度，本书就不重复了。

头

//// **人物志** 9

这个大胡子兼大肚子，是领导，
姓名不重要，职务也不重要，
可以是主任、处长、县长、局长，
反正是个很威严的"头儿"。

他对工作要求很高，也很严厉！
尤其是对稿子的要求，非常苛刻，
这可能与他年轻时当文秘的经历有关。

苛刻

他看稿子的速度很快，他说：
行家伸伸手，便知有没有。
如果你不信，可以拿篇稿子试试，
他以翻阅画报那种浏览的速度翻阅材料，
能够一眼就找出藏在其中的错别字：
你这个马虎样子是要闯祸的！

早几年，他动辄把稿子摔人脸上，
随着年龄增长，修养提高了，
对于实在难以下笔修改的稿子，他说：
你这个是我布置的那篇稿子吗？

浏览

第 8 章
请示的理由以及角度

请示有两大类：一是请求指示。

不知道某工作咋干，请指条道儿，

这也是请示这两个字的本源含义。

实际上，现在使用这类请示的机会很少，

这种情况在战争年代经常出现，

各个根据地山高水长，消息闭塞，

上海的报纸辗转到苏区，几个月过去了，

不知道中央的新精神，不知道下一步怎么做。

而现在，情况完全不一样，

红头文件多如牛毛，新闻媒体连篇累牍，

上级面面俱到，什么都替你想到了，

外加不断重申强调，耳朵都磨出茧子了，

你说不知道咋干？除非是故意捣蛋，

真不知道咋干？那还留你何用！

二是请求批准。批项目、经费、编制。

本源

你无权做主、要上级拿主意的，用这种请示。

这种请示的写作核心，是说服上级同意。

那么，用什么理由容易说服上级？

只要想做一件事，就可以找到很多理由。

不同意你做也能找到很多理由啊！

关键是找到难以被拒绝的理由。

哪些理由难以拒绝？有什么规律？

这一章写于 2019 年国庆长假，

写于旅游期间，所以就拿旅途所见说事。

主要跑了浙江省的安吉、江山两处，

两地环境都很好，说明乡村振兴有成效。

而且，去了安吉才知道，

这里是"金山银山"提法的起源地。

安吉门票有点小贵。

浙江现在应该没有贫困县贫困乡了吧，

为了模拟情境，杜撰一个贫困乡：

杜撰

金山乡，是银山县唯一的贫困乡。由于太偏僻，前些年没有工业项目愿意进来；这两年有项目在谈，但已经进入特别强调生态保护的新时代，怎么办？发展旅游业是个好办法！该乡有个金山寺，小有名气。如果再建个索道缆车、玻璃栈道、哈罗凯蒂主题乐园什么的，客流就来了，然后带动农家乐，然后全乡脱贫。可是，贫困乡财力有限，怎么筹钱呢？

贫困乡一般靠转移支付补贴过日子，
想要脱贫，还得形成造血机制，
想要获得造血机制项目，就得向上级争取，
要想办法从县政府取得资金支持。
用什么理由说服县领导？
让县里出玻璃栈道的钱吗？不合适！
出哈罗凯蒂乐园的钱？更不合适！
这些都是商业项目，缺钱的话，
想办法招商引资啊！向市场去要啊！

🔊 造血机制 ▸ 😊 ➕

自力更生不行吗？非要伸手？

自力更生值得尊敬，恐怕耽误乡亲们 2020 年脱贫奔小康。

那么，怎么从县里拿笔现钱呢？
向县政府送的请示公文应该怎么写？

金山乡政府关于请求拨款维修金山寺的请示

银山县政府：

我乡金山寺年久失修，近期经县房屋质量检测所检测已属危房。为消除安全隐患，亟待维修。该寺庙始建于明代，是我乡乃至我县难得的人文资源，与其周边的竹海景观，以及即将建成的索道缆车、玻璃栈道，将共同构成网红景点，这对我乡摆脱贫困、对我县发展旅游业有着关键作用。初步匡算，维修这座古庙需要 888 万元。由于我

🔊 小康 ▸ 😊 ➕

乡财政长期依靠转移支付维持，无力出资；我乡民营企业近期联合贷款1.8亿元投资建设索道缆车、玻璃栈道，暂无力捐资修庙；该寺庙僧众发扬先人后己精神，急政府所急，近期已将多年积攒的香火钱900万元全部捐出，用在了泥石流地段抢险和道路修复工程。因此，请求县财政如数拨付寺庙维修款项。

以上请求，请予批复。

金山乡政府

2019年10月26日

相信你已经看出这其中的门道了，
按理说，香火钱的最正宗用途就是修庙，
但却用来修建通往景区的道路；
民间集资修庙，也是再正常不过的，
但是民企已经投资缆车和栈道了，
短期内再也没有实力往外掏钱了；
这两头已经堵死，修庙只能县里出钱。
不出？危房出人命出事故谁负责！

香火钱

难道一切都是乡里精心策划的结果？

你可以怀疑，但摆不上台面。

请示文件寻找角度和理由的原则之一：
雪中送炭，优于锦上添花。
救急不救穷，是民间道德准则，
也是机关通行的、默认的价值观。
元旦春节为什么要给困难户送点钱？
暂时先把年关挺过去再说呗，
真正脱贫，还得开春后想办法就业。

请示文件寻找角度和理由的原则之二：
扶持落后，优于资助先进。
这和原则一殊途同归，意思差不多，
基本上就是既患寡、更患不均。

默认

各乡镇都想上项目、争资金，
什么理由最能打动上级，最摆得上台面？
一次分配讲效率，二次分配讲公平。
县财政的钱怎么花比较公平？
调结构、促转型、补短板、惠民生，
金山乡是全县的短板、是当务之急！
只有金山乡脱贫了，全县才算脱贫。
这里，有必要重温十九大报告：

我国社会现阶段的主要矛盾是，人民日益增
长的美好生活需要和不平衡不充分的发展之间的
矛盾。

请注意词序！不平衡在前、不充分在后！
分蛋糕的重要性摆在了更突出位置。

请示文件寻找角度和理由的原则之三：
有出处的，优于凭空创设的。
机关无论是写材料还是做决策，

领导经常要你找出处，
写文件也要写"事由"，事情的由来。
一项政策、一句提法，都要找出处，
出处就是依据，就是合法性。
历史上存在过的，一般比较合理！
因为它是前人思考的结果，
也是各方比选、博弈的平衡点，
并且已经经受了实践的检验；
而创设性的事，想让上级批准，
总是有难度，因为上级要冒决策风险。

什么？以前有过现成例子？确凿吗？
那你怎么不早说！早说早给你批了。

江山有个景点"浙闽枫岭营总府"，
陈列着一份含有请示事项的奏折。
老万把它改写成现代的请示公文。
对的，是改写，不是翻译。
别挑毛病！古汉语底子不行，我自己知道。

 补短板

 事由

关于恢复枫岭军分区建制的请示

仙霞关是浙江、福建交界处的重要关隘，顺治十一年设立了枫岭军分区，士兵1000名，驻防浙江、福建两侧各500名。康熙九年，有奏折反映"驻军花费税收太多了"，所以浙江这一侧的500名士兵划入福建。后来该区域经常闹匪患，临时调兵又不能根本解决问题，所以提出恢复设立枫岭军分区建制的请求。目前，附近正好有一支部队，暂时没紧急任务，请求把他们划拨过来，恢复设立枫岭军分区，仍然实行先前的管理体制，这样就可以确保该地区长治久安了。

古装剧相信大家看了不少，
朝堂议事，常提到祖制、成例，
这份清朝奏折，重点是恢复旧制。
前几年，国内还有学者提出：
历史的合法性就是最大的合法性。

🔊 成例 ▸   😃 ➕

总结一下，请示公文的写作思路，
就是寻找切入角度和充足理由。
还是拿修庙来说，切入角度大致有：
1.文物保护角度，2.发展旅游业角度，
3.宗教角度，4.弘扬传统文化角度。
但都不如危房角度更急、更容易获批，
救急不救穷，紧急就是正义！

角度找好了，还要找充足理由：
1.建缆车要钱，2.建玻璃栈道要钱，
3.修庙要钱，4.修景区道路要钱。
一共4口锅，乡政府只筹到3个锅盖，
剩下一口锅要请县里帮忙盖上。
在此，文秘的作用不是写材料这么简单，
而是要提前介入，给领导当参谋，
对有限的资源进行调度、腾挪、转换。

其实，乡政府玩的这点小心思，
多数县领导一眼就看穿了。但是！

🔊 腾挪 ▸   😃 ➕

有时主要领导正好需要下级这点狡黠，

替他找到了说服班子成员的理由，

顺坡下驴，就汤下面，正中下怀。

你想想，金山乡的脱贫问题，

光是乡长心病吗？更是县长的心病啊！

只要一个乡没脱贫，这个县就不算脱贫。

主要领导需要正中下怀的角度？他想做可以力排众议呀。

力排众议一时爽，决策风险重如山。

请示这种文件的逻辑，像是走迷宫，

看上去可以选择的道路千万条，

条条大路通罗马，其实呢，

摆得上台面的、能走通的只有一条。

写这样的稿子，功夫并不在于写，

也不是被动等待领导布置起草任务，

而是要提前介入、提前谋划，

真正发挥参谋助手作用，

这是对文秘能力的考验，也是锻炼机会。

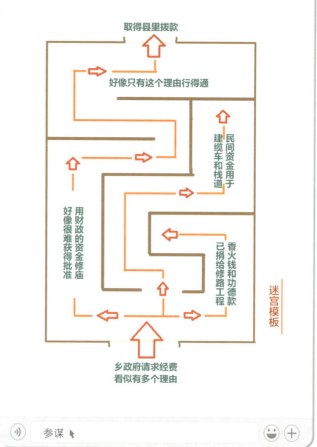

取得县里拨款

好像只有这个理由行得通

民间资金用于建缆车和栈道

用财政的资金修庙好像很难获得批准

香火钱和功德款已捐给修路工程

迷宫模板

乡政府请求经费看似有多个理由

11.请示。适用于向上级机关请求指示、批准。

关于请示公文的用途，大致有几点：

一是对上级机关决策部署，存在不理解之处，或者认为它们不适合本地实际，需要变通处理，需要上级机关予以理解、指导、认可。

老万觉得，这种用途只是理论上可行，实际上，如果遇到这种情况，可以口头沟通，不适合留下白纸黑字的请示公文，尤其是在越来越讲究纪律和服从的趋势下，质疑上级的政策和决定要三思。关于这一点，本章开头已经分析了。

二是请求批准编制、机构设置、干部任免、经费预算、重要事故处理办法等。这条没问题，这是请示的主要作用。

三是请求审批或批转本单位制定的重要文件。
四是根据规定必须履行审批手续的事项。
五是请求解决本单位无法解决的其他问题。
这3条也没问题。其中第五条是兜底条款。

关于请示的特点，大致如下：

一是条件性。请示的是超出职权范围的事；自己职权范围的，自己要尽职尽责。
这句话有两层意思：第一层，自己职权范围的事，不用请示上级机关，不用假客气，不要多此一举。
第二层，自己职权范围内的力气要尽到，不能自己不出力，把困难推给上级。

当然，这在现实中较难把握，碰上三定方案未尽事宜，碰上特超脱或特爱长臂的领导，要不要请示还真不好说。

 变通

 长臂

请求帮忙，必须建立在自己尽力的基础上。个人之间是这样，单位之间也是这样。

　　二是超前性。请示必须在事前行文，
不能先斩后奏，这是请示文件的重要原则。
这条可以与上一条结合起来看，很容易理解。
因为不在职权范围，所以先请示后实施。

　　这里又要展开说两句职场生态，
电视剧《亮剑》收视率很高，为什么？
按部就班的人经常吃亏，所以，
大家羡慕李云龙这种不按常理出牌的人。
有的县的工作风格就像李云龙，
土地管得不太紧的时候，打擦边球用地，
大量用地，大力招商引资、发展经济，
等到政策收紧，土地指标稀缺，

🔊　擦边球 ▸　　　　　　　　　😊 ➕

　　县里的工业化、城市化已初具规模，
相邻的县只能羡慕嫉妒恨。

既要按规则干工作，又要脱开一步、站高一步，才能实现弯道超车。

　　脱开一步、站高一步，
这是老万二十多年前听到的话，
据说是某高级领导说的。
因为三定方案、责任清单总有未尽事宜，
总有空白地带和模糊地带，
找准机会就可以有所作为。
当然，随着法治化进程加快，
李云龙式的领导，用武之地受到限制，
同时，脱开一步的度很难把握，
搞不好就是无组织无纪律的典型。
李云龙可以把楚云飞的粮食截留下来，

🔊　模糊地带 　　　　　😊 ➕

有的领导截留别人口罩，受处罚了！

三是时效性。请示事项多数比较紧急或重大，
上级机关收到公文，要尽快办理、尽快批复，
以免耽误下级机关的正常工作。
提高机关办文效率是永恒主题。所以，
对这一条，没什么好说的。

四是主旨单一性，也就是一文一事。
这一点很重要，是请示的最大特点之一。
为什么一份请示只能写一件事？
各种教科书都没找到确切的说法。
按老万理解，这是为了方便上级机关批复，
你想啊，好几件事写在一起，
其中的每件事，可能涉及多个上级机关，
那么多的机关要会商、会签，程序很复杂，
办理的效率就高不起来。比如，
县政府一份请示，向市政府请示4件事，
市府办可能要分给不同的部门去分头协调，

项目的事发改委牵头，好几个部门会商；
经费的事财政局牵头，几个部门会商；
自贸区的事，商务委牵头，几个部门会商；
编制的事人事局牵头，几个部门会商。
这4件事情，有的简单、有的比较复杂，
这4个牵头部门，有的效率高、有的拖拉，
非要放一起请示，那么市府也会放一起批复，
等这4个部门都与相关部门商量完毕，
市府办才能着手起草批复文件，
那么，最复杂的事项所费的时间、
最拖拉部门牵头的事项，就是办文周期，
简单的事、效率高的部门被拖了后腿。
这一点，请示与函不一样，
老万在前文写了，函可以一文多事，
请示原则上只能一文一事。

另外，一文一事在具体应用中怎么理解？
需要区分究竟是一件事情的几个方面，
还是几件相关联的事情？再举个例子，

如果涉及一个机关且性质相同的事情，
那就可以写在一起，比如，
某街道办事处开展居委会换届选举，
碰到两个新情况，举棋不定：
一是要求候选人全部属地化，难以做到，
请问上级，属地化的标准具体怎么把握？
候选人必须居住在本居民区才算属地，
还是可以放大到本街道、本区也算？
二是有外国人提出要参加居委会选举，
这个外国人在该居民区生活了多年，
提出希望参与社区的自我管理、自我服务。
街道觉得，从来都没有这种事情，
相关法律法规也查不到口径，需要请示。
这是二十年前真实发生的事，
不知道现在政策怎么定的。
这两件事都归民政局管，而且，
都是涉及居委会候选人资格问题，
因此，可以认定这是一件事的两个方面，
可以放在一份请示文件中。

公文条例和规范的学习，是为了更加灵活掌握，从而得心应手运用，要避免陷入僵化。

怎么理解一文一事，要避免陷入僵化。
还是拿县政府请示自贸区的事举例子，
到底是 4 件独立的事还是一件事的 4 个方面？
这要从事情的性质、从办理的主体来看，
自贸区、项目、经费、编制 4 个方面，
涉及多个牵头的上级机关，按常规，
应该看成是多件事，分开请示效率更高。
但是，又不能太绝对，要具体分析，
如果我告诉你这 4 件事是同一件事呢？
刚刚获批设立的自贸区坐落在该县的地盘，
准备以县政府为班底成立管委会，
一套班子、两块牌子，

组建管委会涉及编制、经费、项目、政策，

那么，就应该用一份请示公文。

由于是特别重要的事，特事特办，

市里主要领导亲自抓，必然会高效！

你想想，全国同时批了好几个自贸区，

谁甘心本地的输在起跑线上，

所以，在主要领导雷霆万钧推动下，

比较傲慢拖拉的部门，效率也会变高的。

最后，还要注意，请示之前要充分沟通，

不能单单靠文来文去解决问题，

无论口头当面沟通，还是书面材料的沟通，

都有助于上级机关理解支持，

很多文件上写不全、写不清楚的情况，

都可以在事前沟通中达成共识，

为请示文件获得预期的批复做好铺垫。

关于请示之前的沟通方式和载体，

老万第一本书中有详细的分析。

铺垫

第9章
批复总显得婆婆妈妈

下面是银山县政府给金山乡政府的批复，

就是上一章关于请求拨款修庙的事。

如果县政府完全同意乡的请求，

那么，这份批复文件大致是这样的：

银山县政府关于金山乡修庙项目的批复

金山乡政府：

你乡关于拨款修庙的请示（发文字号）收悉。经县政府常务会议研究，同意你乡修建某庙的请求，县财政在明年预算中安排888万元，在"创建全域旅游专项资金"项下列支。

希望你乡精心组织修庙工程建设项目，狠抓工程质量和安全生产；狠抓文明施工，把对周边生态环境的影响降到最低限度；严格财经纪律，切实做到专款专用。

县政府
年月日

列支

批复一般很简洁，上文只有两个自然段，
第一句话是收文情况，要写来文的发文字号，
第二句话是批复意见，表明同意或不同意。
具体到这份批复，批复意见有 4 层意思：
一是同意修庙，二是县财政同意给钱，
三是给多少钱，四是出资名目。

完全同意的批复的结构：收文情况 + 批复意见

　　如果县政府原则同意乡政府的请求，
也就是说，只是部分同意，还有部分要调整：

银山县政府关于金山乡修庙项目的批复

金山乡政府：

　　你乡关于拨款修庙的请示（发文字号）收悉。
经县政府常务会议研究，原则同意你乡修建某庙
的请求，但建设期限和投资规模有所调整，总投
资不超过 666 万元；明年实施一期工程修建主体

建筑，附属设施作为二期工程后年实施。财政预
算也分两年安排，均在"创建全域旅游专项资金"
项下列支。

　　希望你乡精心组织修庙工程建设项目，狠抓
工程质量和安全生产；狠抓文明施工，把对周边
生态环境的影响降到最低限度；严格财经纪律，
切实做到专款专用。

县政府
年月日

虽然同意你修庙，但是拖了个尾巴，
不同意你摊子铺得太大，要控制规模，
控制规模的实质就是控制花钱总量。
同时，还要控制花钱的节奏，
明年一下子把钱都给你，县里也有压力。

原则同意的批复的结构：
收文情况 + 批复意见 + 意见详情

这篇批复的意见详情包括：
一是调整规模和期限，二是减少投资，
三是把工程分为两期建设，跨两个年度，
四是财政拨款的出资名目。

头戴三尺帽，等你砍一刀。
申请经费，就和菜场讨价还价一样，
反映出买卖双方的信任缺失，
造成老实人往往接受了更高价格。
在机关，管钱的与花钱的也有这种博弈，
治大国如同烹小鲜，道理都差不多。
你说这是财政制度的弊端吗？
也不尽然，机关是由人组成的，
人性的弱点，在机关法人也有折射。
财政支出制度的弊端还表现为，
当年预算的某个项目，如果没花钱或没花完，
那么明年就会削减预算，甚至不再列入，
如果几年不列，那么这个项目就没了，
默认该部门再也不用做、不能做这项工作了，

拨款

再要想启动，只能是"冷启动"，
要重新经过较高层级的决策程序才行。
财政支出制度的种种弊端，我相信，
会随着政务公开的要求越来越高，
会逐步得到改善。要不要做某件事，
应该怎么做，谁来做，做到什么程度，
不光是职能部门与财政局扯皮，
而应该放到更大的范围评估和决策，
群众监督犹如阳光一样是消毒剂。

以上两篇批复，都有第二段文字，
而且第二段文字是相同的，
都是强调已有的工作要求和纪律。
共有三层意思：第一层意思，精心组织。
所有的政府项目，政府都得精心组织，
都得重视工程质量，都要抓安全生产。
第二层意思，注意环保。
因为这个项目是在生态保护区，
施工的时候不要破坏环境。

冷启动

第三层意思，财经纪律。
这一条是放之四海而皆准的，
凡涉及资金的批复，都得强调。

就像有的父母，在孩子每天上学前叮嘱：
上课要好好听讲，要认真做作业。
这种婆婆妈妈的唠叨，能不能起作用？
改进文风能否从这个局部开始？
建议以后在批复中把这部分省略了！
这只是老万的一点建议。但是，
在普遍习惯和相关规范改变之前，
大家还是要按照现在的套路写批复。
如果因为批复中没强调财经纪律，
这个项目的资金被挪用了，
会不会让批复单位承担连带责任？
老万没找到类似的案例。

12. 批复。 适用于答复下级机关请示事项。

批复这种公文的主要特点：

一是针对性。有两层意思：
只针对请示事项批复，不要东拉西扯；
只针对请示机关批复，不要对其他机关批复。
比如，江山县对房地产政策理解不全面，
请示市里：下一步如此这般行不行？
市里批复，这样不行，而是应该那样做。
这份批复只给江山县就行了，
不要举一反三，不要给各县都发批复，
也不能借否定江山县房地产政策思路问题，
在批复中对江山县其他工作一并批评。
总的一句话，不要一人咳嗽、大家吃药，
也不要把高血压、胃病、牙疼的药一起吃。

二是权威性。也可以看成指示性、结论性。
批复具有"一锤定音"的权威性，
同一件事，只要被上级批复否定了，
如果外部条件没变，近期不宜再请示。

连带责任

一锤定音

所以，请示之前的充分沟通非常重要，
在上级否定之前，要千方百计陈述理由，
防止信息不对称，防止做成夹生饭，
油条炸老了，就真的没办法了。

涉及需要上级支持的
事项，选择合适的时机、
合适的表达方式非常重要。

三是简明性。这是指行文简明扼要。
批复文件的第一句，写请示的来文收到，
紧接着的第二句，就必须写批复意见，
同意还是不同意，或原则同意。

原则同意中的原则是什么意思？
与本书第 4 章复函的用法一样：
部分同意，部分不同意。

凡是同意的批复，后面一般不写理由。
既然已经同意了，下级不会在意给不给理由。
凡是不同意的，一般要写理由。
下级好不容易鼓起勇气向你提出请求，
你不同意也就算了，好歹解释一下还是必要的。
凡是原则同意，那么，要对其中不同意的部分，
给出理由，稍微解释一下。

最后，老万还要解释一下，
实际上，在公文以及简报中有一种倾向，
把完全同意也写成原则同意，这是为什么？
因为写原则同意，上级机关更有主动权，
一是可以要求下级修改相关事项的具体内容。
领导一般在讨论的时候提了些修改意见，
尽管有些只是文字表述的小问题，
我同意的是你按我要求修改后的稿子，
并不是同意你提交讨论的原稿。
二是下级如果出了问题，上级可以说，
我只是原则同意你的方案，

你方案中有些不合适的部分，我并没同意。

把主动权尽可能留给自己所在机关和领导，是机关办文办事的潜规则之一。

潜规则 ▸

第 10 章
仅仅作为封面的通知

非常简短、像文件封面一样的通知，
通常只有一两句话。它的存在，
就是为了给想要传递的内容穿一件外衣，
就像你寄快递，自己有个信封，
交给快递小哥，他再套个统一的信封。

**庆丰市人民政府办公室关于印发
《2020 年市政府要完成的实事项目》的通知**

各区人民政府，市政府各委、办、局：

　经市政府同意，现将《2020 年市政府要完成的实事项目》印发给你们，请认真组织实施。

（印章）年月日

这种通知的价值体现在，书名号里面的文字，
比如：计划、总结、项目清单等等，

计划 ▸

都不是公文的种类，它们单独"不能见人"，
不能让它们在各级机关"上书房行走"，
要流转也行，只能作为阅件，
只能作为信息或报纸杂志等参考资料，
那就没有行政效力，没有权威性。
要想让这些内容有效力，怎么办？
必须"包书皮"，要借"壳"上市，
这个书皮、这个壳，就是通知，
这就是通知这个文种的用途之一。

这个通知的正文只有一句话，
中间两个逗号，第一个逗号之前的部分，
说明了这份通知的"来头"，也就是依据，
它是经过市政府同意的，
这个同意可能有多种方式，比如，
市政府常务会议审议通过了，
或者市长签发了，总之是法定决策程序。

第二个逗号后面的内容，有几种写法：

签发

如果所通知的是一项任务，
那么，下级要做的就是组织实施，
比如上文的市政府实事项目，
就写"请认真组织实施"，
意思是把写在纸上的蓝图变为现实。
如果所通知的是某些纪律要求，
下级要做的就是按要求执行，比如，
通知的内容是纪委书记的讲话录音整理，
主要强调元旦春节期间不能请客送礼。
接到这样的通知，下级除了开会传达之外，
没什么具体任务，什么都不用做。
那么，这个位置的这句话就写成：
请严格遵照执行。

通知这个文种，有好几类，
下面会分别举例子，不过，
老万觉得，上面这篇最简短的
才是最典型、最正宗的通知，
它是通知这一文种最本原的作用。

遵照

而有的通知，之所以说它不够正宗，
是因为很像别的文种，容易搞混。
比如人事任免的通知，容易与决定搞混，
下面这篇通知，就很像决定。

关于调整计划生育家庭特别扶助制度扶助标准的通知

鲁财社〔2018〕27 号

各市财政局、卫生计生委：

根据《财政部 国家卫生健康委员会关于调整计划生育家庭特别扶助标准的通知》(财社〔2018〕22 号) 以及《关于进一步做好计划生育特殊家庭扶助关怀工作的实施意见》(鲁卫家庭发〔2016〕1 号) 要求，经研究，决定自 2018 年 1 月 1 日起，进一步提高全省计划生育特殊家庭扶助标准。现将有关事项通知如下：

一、独生子女……家庭特别扶助金标准提高到每人每月 480 元。

二、一至三级计划生育……特别扶助金标准由现在的每人每月 300 元、200 元、100 元，分别提高到每人每月 400 元、300 元、200 元。

三、调整标准所需资金由各级财政按照规定纳入年度财政预算。各地财政、卫生计生部门要落实地方应负担资金，切实加强资金管理，保证及时、足额按调整后的标准发放特别扶助金。

山东省财政厅山东省卫计委

2018 年 7 月 12 日

前文作为封面的通知有个格式化句子：
"现将《XXXXXX》印发给你们"，
所以，老万把它称为"印发通知"。
印发通知的结构：依据 + 文件名 + 叮嘱，
第二篇例文本身是有实体内容的，
老万把它称为"实体通知"。
实体通知的结构：帽子 + 通知内容，
其中，**帽子的结构：依据 + 决定事项。**
帽子段，基本上就是这样的句式：

　　为了解决什么问题或回应群众呼声，根据什么会议或文件精神，经研究，决定了什么。现将有关事项通知如下：

　　下面 3 个自然段，是通知内容，
告诉各单位具体怎么调整扶助标准。

　　还有一类是转发、批转文件的通知，
作为文件主体的通知中，只提原则要求，
基本上也是重申强调的叮嘱，
具体干货内容在被转发的文件中。

国务院关于批转国家税务总局
关于加强个体私营经济税收征管
强化查账征收工作意见的通知

国发〔★★★〕★★★ 号

各省、自治区、直辖市人民政府，国务院各部委、各直属机构：
　　国务院同意国家税务总局《关于加强个体私

营经济税收征管强化查账征收工作的意见》，现转发给你们，请遵照执行。

　　加强个体私营经济税收征管，是促进其规范健康发展的重要保障。各级政府要切实加强领导，协调税务、工商、公安和金融部门，积极稳妥加以落实，国家税务总局要结合深化税收征管改革，切实做好组织指导和监督检查。各有关部门要相互支持、密切配合，确保这项工作顺利进行。

　　附件：关于加强个体私营经济税收征管强化查账征收工作的意见

　　　　　　　　　　　　　　　国务院
　　　　　　　　　　　　　　　年月日

　　这份通知的实质内容，都在附件中，
加上这一层"封面"，只有一个作用，
那就是增强它的权威性，
需要其他部门配合才能做好这项工作，
所以，需要这些单位的共同上级出面，

否则，其他平级单位凭什么配合你?

不算附件，这份通知只有两个自然段，

第 1 自然段是这样的一句话:

发文单位同意某文件，现转发给你们，请遵照执行。

第 2 自然段，全部是务虚性质的提要求，

没有时间要求、数量要求，没有硬指标。

尽管老万觉得写得太原则，但还得分析，

老万觉得，在可以预见的将来，你还得这样写:

印发通知的结构:

目的意义 + 责任主体 + 工作要求

第 2 自然段共有 3 个句号，

这 3 句话正好对应 3 块内容，其中:

目的意义: 做这项工作是为了什么;

责任主体: 这项工作与谁有关，都要点到;

工作要求: 牵头单位如何、配合单位如何。

主体

江山县政府关于某某同志任职的通知

各乡、镇人民政府，县政府各委、办、局:

县人民政府决定:

任命某某同志为江山县水务局副局长。

特此通知。

江山县人民政府

2019 年 12 月 28 日

上面这是一篇人事任免的通知，

想请考生注意一个重要考点，

遇到填空题或选择题，

问人事任免用什么文种的时候，

千万要答"通知"，而不是"决定"。

第一感觉是决定，这是最相似的干扰项，

因为大家对这样的句子印象很深:

"经党委研究决定";

"经县政府常务会议决定";

考点

"经市委常委会会议研究决定"。

怎么记住这道题？很简单，
人事任免早些天就已经决定了，比如，
经过了常委会、政府常务会议决策程序，
现在只不过把结果告诉大家而已。

任免通知的结构：

依据 + 任命对象和职务。

8.**通知**。适用于发布、传达要求下级机关执行和有关单位周知或者执行的事项，批转、转发公文。

从另一个角度，划分通知的种类：
一是指示性通知。这是最重要的类型，
主要是传达上级的重要精神、
部署下级机关执行某些重要事项。
本章中，国家税务局的例文就属这类通知，

该通知的实质内容，是税务总局制定的，
总局原来用的是另外一个文种意见。

二是规定性通知。对某方面工作的具体政策、
提出规范要求等。这比第一类更微观、更具体。
本章中的计划生育扶助例子就属这类通知。

三是事务性通知。主要是办理临时性具体事项。
比如，关于元旦春节帮困送温暖的通知。

四是知照性通知。比如，调整机构、
安排节假日、变更电话号码等。

五是批转、转发、发布性通知。
用于发布条例、规范性文件、
转发上级机关和不相隶属机关的文件、
批转下级单位文件等。
怎么区分批转与转发的不同？
批字是上级机关的专用字。

 批转

 转发

六是聘任通知。

用于人事任免、聘用有关人员等，
比如，江山县任命水务局副局长的通知。

聘任 ▶

第 11 章
对上级提意见似乎理论上可行

意见也是比较常用的一个文种，
条例对意见的适用范围是这样表述的：

7.**意见**：适用于对重要问题提出见解和处理办法。

这句话一共有 3 个要素：一是针对重要问题。
重不重要是相对的，无法度量。
二是提出见解。三是提出处理办法。
也就是"怎么看""怎么办"的意思。

陕西省人民政府办公厅
关于加强全省城市道路交通管理工作的意见
陕政办发〔2017〕3 号

各市、县、区人民政府，省人民政府各工作部门、
各直属机构：

见解 ▶

为进一步加强和改进城市道路交通管理工作，促进城市建设和交通协调发展，改善城市交通和出行环境，缓解城市交通拥堵，经省政府同意，现提出以下意见：

一、坚持用系统化思维治理城市交通

（一）树立协同共治、共建共享新理念。（略）

二、合理规划建设交通网络

（二）科学编制城市道路交通规划。（略）

（三）加强城市道路交通基础设施建设。（略）

（四）加快城市停车设施建设。（略）

三、大力推进城市道路交通管理智能化建设

（五）加快城市交通智能指挥调度系统的建设和应用。（略）

（六）建立城市道路交通信息服务平台。（略）

四、依法严管城市道路交通秩序

（七）加大城市道路交通管理执法力度。（略）

（八）依法整治城市交通乱象。（略）

五、优化城市道路交通组织调控

（九）科学调控城市交通流量。（略）

（十）推行城市公交优先战略。（略）

（十一）快速处置轻微交通事故。（略）

六、强化城市道路交通管理保障措施

（十二）强化组织领导。（略）

（十三）明晰管理职责。（略）

（十四）加强宣传教育。（略）

（十五）保障经费投入。（略）

陕西省人民政府办公厅

2017 年 2 月 7 日

为了节约篇幅，没把文件全文贴上来，
有兴趣的可以到网上看看全文。
下面，从几个维度来分析它的结构和写法。
一级标题共 6 个，也就是全文分 6 大块，
二级标题共 15 个，序号是连续的。
前面再加一个帽子段，只有一句话，
说明发这个文件的目的和意义。

全篇的框架结构，属于"尺刻度"模板：

一、系统化思维治理交通

（一）共治共建共享理念

二、合理规划建设交通网络

（二）科学编制交通规划

（三）加强道路设施建设

（四）加快停车设施建设

三、推进交通智能化建设

（五）建立智能指挥调度系统

（六）建立道路交通信息平台

四、依法严管道路交通秩序

（七）加大交通管理执法力度

（八）整治城市交通乱象

五、优化道路交通组织调控

（九）科学调控交通流量

（十）推行公交优先战略

（十一）快速处置轻微事故

六、强化交通管理保障措施

（十二）强化组织领导

（十三）明晰管理职责

（十四）加强宣传教育

（十五）保障经费投入

尺刻度模板

这种框架结构在公文中经常使用。

先看 6 个一级标题，各写了什么：

网络

一、系统化思维治理城市交通（方法论）

二、合理规划建设交通网络（规划先行）

三、推进道路交通智能化建设（技术手段）

四、依法严管道路交通秩序（执法尺度）

五、优化道路交通组织调控（组织管理）

六、强化道路交通管理保障措施（保障措施）

　　整个框架结构的逻辑大致是，
从宏观到微观，从抽象到具象，从原则到具体。
　　最前面的是原则性要求，后面的比较具体。
第一部分是"总"，第二至第五部分是"分"，
　　第六是保障措施，是兜底的，也算"总"，
　　整个文件可以看成"**总—分—总**"结构。

　　再分析第一自然段的结构：

　　一、坚持用系统化思维治理城市交通
　　（一）树立协同共治、共建共享新理念。随
着我省城镇化进程快速推进，城市规模不断扩大，

具象

居民出行距离和机动化出行比例大幅增加，交通拥堵、出行难、停车难等城市病日益突出，城市道路交通管理工作面临着严峻的形势，加强和改进城市道路交通管理工作，提高城市道路交通治理能力迫在眉睫。各级、各有关部门要顺应城镇化、机动化快速发展的新形势，牢固树立以人民为中心的发展理念，紧扣追赶超越主题，坚持用系统化思维治理城市交通，坚持道路安全与城市畅通并重，协同共治、共建共享，构建政府、企业、社会三位一体的城市道路交通管理格局，打造交通安全人人参与、安全交通人人共享的命运共同体，有效破解当前城市交通拥堵问题。

二级标题：树立协同共治、共建共享新理念。

意思是，交通问题不是交通一个部门的问题，交通这件事，各部门都有份，谁也别推诿！这也呼应了一级标题中"系统化思维"的提法。

除了标题，下面只有两个句号、两句话：

第一句讲形势。目前我省交通压力很大，不得不加强治理，所以要出台文件。

第二句话提要求，这个要求是原则要求，包括：责任主体是谁？树立什么理念？紧扣什么主题？运用什么思维？建设什么工作格局？解决什么问题？

从文件的中间部分，抽出一段话分析：

（七）加大城市道路交通管理执法力度。认真学习借鉴上海等地城市交通治理经验，组织开展城市道路交通违法行为专项整治行动，加大对影响道路交通秩序和安全等严重违法行为的执法力度，提升现场执法比例，强化法律责任追究，提高违法违规成本，始终保持严管高压态势，依法维护城市道路通行秩序。

这一段讲管理和执法的尺度问题，认为原来管得太松了，现在要严起来。

怎么个严法？学上海等城市的做法和经验，
上海的做法和经验是什么？这个文件没写！
那你让我们基层单位怎么学习上海？
自己去网上搜材料吗？哪些要学？哪些不学？
这就涉及贯彻文件的文件了。

人们诟病机关形式主义，其中一个现象是：
用文件落实文件、用会议贯彻会议。
可是现实中，不这样好像还真不行。
比如，上面这段文字中提到：
"强化法律责任追究，提高违法违规成本。"
这句话什么意思？通俗说就是罚款要提高，
提到多高合适？这是管全省的文件，
西安罚款与偏远贫困县是不是同样水平？
西安的工资高，乱停车罚两百可以承受，
偏远贫困县，农民乱停拖拉机罚两百受不了。
所以，省政府的文件不可能写得很具体，
直接作为管理依据、执法依据吗？肯定不行，
因此就有了贯彻落实意见的意见，甚至，

 贯彻

贯彻落实意见的意见的细则。

最后，分析这份文件的结尾部分，
意见的最后一部分，大多是保障措施，
也就是确保这项工作得到贯彻落实的措施。
这份文件的保障措施的写法很标准。

保障措施的结构：
加强领导 + 明确责任 + 经费保障 + 宣传教育

六、强化城市道路交通管理保障措施
（十二）强化组织领导。（略）
（十三）明晰管理职责。（略）
（十四）加强宣传教育。（略）
（十五）保障经费投入。（略）

这块内容很容易记：**人 + 财 + 物 + 宣**
财，好理解，就是经费保障；
物，就是场所、设施设备等物质条件；

 保障

宣，就是宣传、教育、引导；

人，有几层意思：一是加强领导，

一般需要成立专项工作领导小组及办公室；

二是明确责任人（或责任部门）；

三是队伍建设，包括技术人才、普通员工。

再深入一步，分析其中的明确责任这部分：

（十三）明晰管理职责。各市、县、区政府是城市交通发展的责任主体。各级住房和城乡建设、规划、交通运输、公安、财政、城市管理行政执法等部门要按照各自职责，加强协同配合，共同做好城市交通管理工作。机关、团体、企事业单位及其他组织要树立协同共治理念，加强本单位、本行业文明交通和绿色出行的宣传教育，共同营造良好的城市交通环境。

它按照先体制内后体制外、先块后条的秩序。

先体制内、后体制外，这很好理解，

要让群众做到的，机关先要做到。

同样是体制内，也要区分不同机关的责任，

地方政府放在最前面，这是强化块的作用。

大前提不是共治共享吗？谁来牵头？

仅靠交通部门不够，其他部门不配合怎么办？

就得是政府出面牵头，所以是先块、后条。

先说政府机关，后说社会团体、企事业单位。

从条例看，意见既可以是上级对下级行文，

也可以是下级对上级行文。考试的时候，

意见可以是下行文，也可以是上行文、平行文。

比如，县政府对新冠疫情防控，有些想法，

可以用意见这种公文报告市政府，

算是对上级提出参考意见，帮上级出主意。

但是，仅仅是理论上可以，老万从没见过，

从目前实践看，它仅仅用于下行文。

对上级机关谈看法，可以用公文中的报告，

比如，可以在报告最后一部分谈看法、提建议，

也可以用信息专报，提建议是专报很重要的功能。

共治

参考

总之，意见这个词，含义已经发生了变化，
要么上级、要么是监督方才提意见，
提意见似乎不是自己人，自己人只提建议，
建议这个词有个"建"字，含有建设性的意思，
是在指出你的问题的同时又帮你出主意，
是站在你这边，真心为你着想；
而意见只是指出问题，不必提出对策，
可以理解成肝胆相照，也可以怀疑故意挑刺！
所以，对上级，常用建议而不是意见。

为什么对上级提意见那么难？

因为上级也是人啊！是人就不愿意听意见。

建设性

第 12 章
通报表扬和通报批评

下面是广西某市的通报，地名改庆丰
内容有删节，发文字号省略了，
顺带还把被表扬人改为万华。

关于给予万华同志表扬的通报

各直属单位、机关各科室：

近日，中共庆丰市委组织部印发《关于表扬2016—2017年度庆丰市"美丽广西"乡村建设（扶贫）工作先进集体、优秀个人的通报》（庆组通字〔2018〕27号），我委荣获"庆丰市'美丽广西'乡村建设（扶贫）工作先进后盾单位"称号，我委派驻三江侗族自治县八江镇福田村担任第一书记的万华同志荣获"庆丰市优秀贫困村党组织第一书记"称号。

长期以来，我委定点联系贫困村，2016年，

通报

我委选派 5 名"美丽广西"乡村建设（扶贫）工作队员驻村；2018 年，再次选派 11 名"美丽广西"乡村建设（扶贫）工作队员驻村开展扶贫工作，集中人力物力财力，发挥后盾单位坚强作用，深入开展……通过我委全力帮扶，定点帮扶贫困村福田村 2017 年顺利完成脱贫摘帽任务。

我委派驻的万华同志在担任派驻福田村第一书记期间，积极扎根基层，依靠后盾单位力量，扎实为民办实事好事……在福田村村容村貌改造、脱贫攻坚等方面作出了应有的贡献，是在推动全市脱贫攻坚和乡村建设工作中涌现出的先进典型。

为树立典型，表扬先进，推动工作，现对万华同志予以通报表扬。希望万华同志珍惜荣誉，戒骄戒躁，再接再厉，再创佳绩。

希望住建系统广大干部职工深入贯彻……在市委、市政府坚强领导下，以万华同志为榜样，坚定信心，凝心聚力……开创新时代庆丰住房城乡建设工作新局面，为庆丰加快实现……目标作

出更大贡献！

中共庆丰市住房和城乡建设委员会党组

2018 年 5 月 9 日

这份通报其实写了两件事，
一是表扬万华，二是顺便表扬"我委"，
两者同时获得上级授予的荣誉称号，
两件事写在一个文件里，老万认为值得称道！
一方面，节约了发文件的数量；同时，
这两件事也确实具有高度相关性。
万华在村里扶贫，离不开单位做后盾，
扶贫所需资金和项目，离不开单位支持。

总不会是万华自己掏钱扶贫。

表扬通报的结构：

事由 + 事迹 + 目的 + 提要求，

第一段写事由，也可以称为依据，
因为上级通报表扬了，所以我们才通报表扬。
把上级发文主体、发文字号都写得很清楚，
一切都显得非常确凿的样子。

当然，通报表扬一个单位或一个人，

并不都需要来自上级的依据，

自己单位完全可以表扬自己的个人或小集体。

自己单位产生的先进，稿子的第一自然段：

经过什么样的程序（群众推荐、民主测评），

产生了多少位先进集体和个人等。

有的不属于常规的、按年度评选的先进，比如，

见义勇为的行为人，也可以被通报表扬。

第二段是事迹，做了什么值得表扬的事?

先拉个长镜头，回顾近几年我单位的扶贫工作，

主要写哪年哪月、分了几批、派了多少人去、

单位作为大后方进行了哪些支持、

最后取得了什么样的目标业绩。

第三段重点写万华个人的事迹，

先写了集体，然后写个人，并且，

写万华也不忘了把单位的后盾作用带上，

单位是个人组成的，个人业绩离不开单位支持。

第四段是两句话，属于相对固定的格式，

是表扬类的通报稿典型的常用语：

第一句话写为什么要通报表扬；

是想通过树立典型，来推动面上工作。

第二句话写"希望"，希望万华同志别翘尾巴，

这句"套话"多数情况下可以直接照抄：

"希望某某同志珍惜荣誉，戒骄戒躁，

再接再厉，再创佳绩。"

第五段是对全单位员工提希望。

在第四段对个人提希望、提要求的基础上，

扩展到对本单位全体员工提希望。

关于对 6 起违反中央八项规定精神典型案例的通报

四平市纪委对 6 起违反中央八项规定精神典型问题进行通报，这 6 起典型问题是：

1.某某办公用房超标问题。（事情经过略去，下同）2018 年 9 月，市委第二巡察组巡察发现后，

某单位对上述问题进行整改。某某受到党内警告处分。

2. 某某违规送礼问题。（略）

3. 某某私车公养问题。（略）

......

上述6起问题中，有的用公款购买礼品，有的违规发放津贴补贴，有的私车公养，有的违规操办、借机敛财。上述党员干部违规越线，均受到严肃处理，广大党员领导干部都要引以为戒，时刻自警自醒自重。

一要提高政治自觉，强化主体责任。（略）

二要遵规守纪，带头树新风正气。（略）

三要紧盯节点，精准查处问责。（略）

2020年春节将至，各级纪检监察机关要大力营造廉洁过节的浓厚氛围，让人民群众切身感受到党风政风的可喜变化。

中共四平市纪委
四平市监察委
2020年1月10日

正气

这是一篇处分的通报、批评的通报。

批评通报的结构：
依据 + 案例 + 分析点评 + 警示，

其中，每个案例一般需要写清楚关键要素：
事由 + 违反什么法纪 + 受何种处分，
事由一般要写时间、地点、人物、经过等。

下半部分的"重申纪律"部分的写法：
一是先明确责任，再强调纪律。
部下违反纪律，上级单位和领导负有责任，
所以，要加强教育，木鱼要经常敲打。
二是先说面上要求，再说眼下春节期间的要求。
三是各种纪律要求，都是已有的要求。
怎么做到语言简练、篇幅不至于太长？
关键是，既要有概述，又要把重点领域写到，
概述部分要把近几年的文件名称点到，
确保做到全覆盖、不遗漏。

强调

公文《条例》第8条、第9项规定：

9. **通报**。适用于表彰先进、批评错误、传达重要精神和告知重要情况。

从通报的适用范围看，它写了4种情形：
一是表彰先进。庆丰的通报就属这种类型。
二是批评错误。比如四平的通报。
三是传达重要精神。四是告知重要情况。

第三和第四种有什么区别？
前文分析了**工作**与**情况**的区别，
现在分析**情况**与**精神**的区别。
"情况"是一种客观存在，主要写实，
比如，互联网上经常有警情通报，
就是情况通报的一种，
就是描述某时间、某人物、发生了某事。
再比如，某城市新冠肺炎发病情况通报，
就写几月几号、发现多少确诊病例、多少疑似病例、

隔离观察多少人、治愈出院多少人等。

"精神"是上级对下级的原则要求。
请注意！是原则要求，不是具体要求，
因为各地情况不一样，难以提出普遍适用的要求。
比如，关于新冠肺炎防控工作的初期，
中央对各省区市提出相关工作要求，
可能是"高度重视""加强组织领导"
"保障医疗物资供应"等比较原则的要求，
或者再进一步，要求分区分级、精准防疫，
怎么分区？分几个级？各地自己去分，
因为各省区市的疫情不一样，
湖北的情况就与其他省区市大不一样。
要不要启动应急响应、启动几级响应，
各省区市根据当地的情况自己定。
省向市县传达中央要求，就可以发通报，
先把精神传达下去，让大家思想上有准备，
然后，考虑本省采取什么具体措施。

情况

精神

有些普通词汇，在公文等机关语境中被赋予了区别于常规用途的特定含义。

公文中有很多类似的词汇，
被约定俗成地赋予了特定含义，
如果你不怎么写材料，工作中也没遇到，
如果你粗心，如果没人指出来，
你可能到退休也没机会搞清楚，
不写材料的话，也完全不用搞清楚，
与退休金多寡毫无关系。

赋予

第 13 章
公告就是昭告天下

中华人民共和国司法部
关于公开征集 2020 年立法项目建议的公告

新中国成立 70 年来，党领导人民不断探索实践，逐步形成了**以宪法为核心的中国特色社会主义法律体系**，推动中国特色社会主义制度更加完善、国家治理体系和治理能力现代化水平明显提高，为政治稳定、经济发展、文化繁荣、民族团结、人民幸福、社会安宁、国家统一提供了有力保障。我们要在坚持好、巩固好**以宪法为核心的中国特色社会主义法律体系**的前提下，着力固根基、扬优势、补短板、强弱项，加快建立健全国家治理急需的法律制度、满足人民日益增长的美好生活需要必备的法律制度，把我国制度优势更好转化为国家治理效能。为贯彻落实党的十九大和十九届二中、三中、四中全会精神，坚持和

昭告

完善中国特色社会主义制度、推进国家治理体系和治理能力现代化，现面向社会公开征集2020年立法项目建议，并就有关事项公告如下：

一、征集内容。重点征集完善人民当家作主制度体系、完善中国特色社会主义法治体系、完善中国特色社会主义行政体制、完善社会主义基本经济制度、完善繁荣发展社会主义先进文化的制度、完善统筹城乡的民生保障制度、完善共建共治共享的社会治理制度、完善生态文明制度体系等方面的立法项目建议。

二、征集要求。提出立法项目建议，应当明确立法项目名称、立法的必要性和可行性、希望解决的主要问题和拟确立的主要制度等内容。有条件的，可提出草案建议文本或附有关资料。

三、截止日期。征集建议的截止日期为2019年12月5日。

四、报送方式。通过信函方式请寄至：（地址略）

司法部

2019年11月4日

 草案

先看文件的下半部分，包括4条：
征集内容、要求、截止日期、报送方式。
这部分是比较写实的，是怎么样就怎么写，
不用绞尽脑汁，不用编写务虚的话语。

公告的结构：目的、意义＋具体内容，

重点分析第一自然段，务虚的部分。
这段务虚内容，两个句号、隔开3句话。
第一句，法律体系的不断完善很重要、很必要。
写了70年来法律体系发挥了什么样的作用，
其中，引用了刚刚召开的十九届四中全会精神，
即国家治理体系、治理能力现代化。
第二句，法律体系还要继续巩固完善。
这也是一种套路性质的写法，
不管任何工作，都需要不断完善。
从文字简洁的要求看，第二句略显冗长，
如"以宪法为核心……体系"与上面重复。
第三句，接下来要做什么？

 完善

面向社会公开征集立法项目建议。

征集对象的范围：面向全社会。

这是公告的最大特点：对象没有边界。

理论上，不管哪国人，都可以提建议。

征集时间的范围：2020 年的项目。

征集标的的范围：征集的是建议。

5. **公告**。适用于向国内外宣布重要事项或者法定事项。

公告这种公文的特点：

一是告知对象的广泛性。这是公告的最大特点。

老万告诉初学者怎么记住这一点：

把公告的**公**字，看成"天下为公"的公；

把公告的**告**字，看成"昭告天下"的告。

暂且不必细抠古人的天下观的内涵，

也不要抠孙中山的"天下观"到底是什么，

笼统把天下理解为全世界、全人类，

那么，公告的告知对象具有最大广泛性。

二是发文主体的限定性。

虽然条例没有限定发文主体，

但是，就其内容的重要性而言，

一般轮不到中低级机关发布，

应由中高层级的机关发布，

或者由国家领导人发布。

三是内容重大。发布的是重要、重大事项，

不是一般事项，要避免小题大做。

所谓重大，比如，颁布法律法规、

宣告重大国事活动、国家领导人选举结果等。

第 14 章
非常庄重的公报

中国共产党第十九届中央委员会
第四次全体会议公报

中国共产党第十九届中央委员会第四次全体会议，于2019年10月28日至31日在北京举行。

出席这次全会的有，中央委员202人，候补中央委员169人。中央纪律检查委员会常务委员会委员和有关方面负责同志列席会议。党的十九大代表中的部分基层同志和专家学者也列席会议。

全会由中央政治局主持。中央委员会总书记习近平作了重要讲话。

全会听取和讨论了习近平受中央政治局委托作的工作报告，审议通过了《中共中央关于坚持和完善中国特色社会主义制度、推进国家治理体系和治理能力现代化若干重大问题的决定》。

列席

习近平就《决定（讨论稿）》向全会作了说明。

全会充分肯定党的十九届三中全会以来中央政治局的工作。一致认为……推动党和国家各项事业取得新的重大进展。

全会提出，中国特色社会主义制度是党和人民在长期实践探索中形成的科学制度体系，我国国家治理一切工作和活动都依照中国特色社会主义制度展开，我国国家治理体系和治理能力是中国特色社会主义制度及其执行能力的集中体现。

全会**认为**，中国共产党自成立以来，团结带领人民……中华民族实现"两个一百年"奋斗目标进而实现伟大复兴的制度和治理体系。

全会**强调**，我国国家制度和国家治理体系具有多方面的显著优势，主要是……

全会**强调**，必须坚持……

全会**提出**，坚持和完善……

……

（此处省略了13个"全会**提出**，坚持和完善"的段落）

全会

......

全会**提出**，坚持和完善……。

全会**强调**，坚持和完善……。

全会按照党章规定，决定递补中央委员会候补委员某某某、某某某同志为中央委员会委员。

全会审议并通过了中共中央纪律检查委员会关于刘某某同志严重违纪违法问题的审查报告，确认中央政治局之前作出的给予刘某某同志留党察看二年的处分。

全会号召，全党全国各族人民要更加紧密地团结在以习近平同志为核心的党中央周围，坚定信心，保持定力，锐意进取，开拓创新，为坚持和完善中国特色社会主义制度、推进国家治理体系和治理能力现代化，实现"两个一百年"奋斗目标、实现中华民族伟大复兴的中国梦而努力奋斗！

看标题，这是一份"会议公报"，

会议公报标题的结构：会议名称 + 公报，

第1自然段：会议时间 + 会议地点。

从会议时间看，一共开了四天，
但只能算"一次"，即"第四次全体会议"。
这里的"次"，与今天一次、明天一次，
上午一次、下午一次的含义不同。

开了四天、大会小会好些次，为什么只算一次会议？

正规的解释要写一箩筐，不如直观理解为：外地的中央委员往返北京一次，所以只算一次。

这里顺便提一下与公文写作无关的问题，
党代会的代表，与人代会的代表，
在出席代表大会的次数上是有差别的。
代表资格同样都是存续一届、四五年，
列席不算的话，党代表只参加一次会议，
而人大代表是每年都参加一次以上会议。

第2段：出席和列席对象、范围、人数。
先写出席对象，再写列席对象，这个好理解，

列席对象又进一步区分了两个层次，
先写"列席"对象，再写"也列席"对象。

第3段：谁主持＋谁讲话。
不是个人主持，而是机构：中央政治局。
中央政治局是中央委员会的常设机构。
二三百名中央委员，很多不在北京，
到北京开会，就得暂时放下手头的工作，
成本不低、效率不高，不可能经常开会，
所以，日常工作授权给二三十人的政治局。

第4段：会议议程＋审议事项。
会议议程两项：一是报告全年工作。
通常，中央全会一年开一到两次，
政治局要向中央委员会报告工作，
这个报告一般委托总书记作。
二是审议了《决定》。写了两句话：
第一句，审议通过了《决定》；第二句，
总书记就《决定（讨论稿）》向全会作了说明。

请注意，有个括号和"讨论稿"3个字，
说明提交给全会的是供大家讨论审议的，
审议之后定下来了，就去掉了"讨论稿"3个字。

第5段是对第4段中"报告工作"的呼应，
政治局报告工作之后，全会怎么反馈？
对一年来工作给予"充分肯定"的评价。

第6段、第7段承上启下，先回顾了过去，
为接下来提出本次会议的主题做铺垫。

第8段、第9段，切入正题，
关于国家治理体系、治理能力现代化，
这两段都以"全会强调"开头，算是总述。
第10段提出工作目标，也是总述。

第11到24段是分述，共14段，
全部以"全会提出"开头，属于并列的内容。
第24段又用"全会强调"来"收口"了，

也

治理

是对以上 14 个段落内容的归纳总结。

这部分内容是"**总—分—总**"的结构。

接下来是两项个案性质的事项，
第 25 段，是候补委员递补"正式"委员；
第 26 段是处理违法违纪的个别人。
正面的事先写，负面的闹心的事后写。

这两件事的程序也有很大差别：
递补中央委员，直接"决定"就行了；
而处理违法违纪人员，需要进行"审议"，
之前政治局对这个人已经给予了处分，
这次会议是对政治局的处分进行"确认"。

第 27 段，也是最后一段，算是结尾语。
这类结尾语主要是提号召，鼓劲加油。

基层的文秘暂时没机会写这种公报，

🔊 递补 ▸ 😀 ➕

老万也没写过，大概再也没机会写了，
所以，本文的结构也不必分析了，
只是对各个部分的细节作了介绍，
这是公文之外的知识点，大致了解下，
公务员考试、上岗培训考试不会考的。

老万还想分析文中一组公文常用的引导词语，
本文先后用了"全会提出""全会强调"
"全会认为""全会号召" 4 个引导词语。
这些词语在会议纪要、会议信息简报、
会议新闻报道等材料中都比较常见，
出现在段落开头，用它引导出一段内容，
所以，这些词语老万称之为引导词语。
引导词语还包括：
"会议指出""会议要求""会议明确"等。

老万原来以为，大家都掌握了这些词语的用法，
没想到，有网友提出了这个问题，
在第 5 章提了个头，现在展开分析。

🔊 引导词语 ▸ 😀 ➕

 万华写材料网友群(102)   …

 会议认为、指出、强调、要求，有区别吗

百度了，很困惑

这个问题出现在群里的时候，我没上线，
等我上线，同时看到了提问和答案。

 我平时写纪要的时候，就是领导会
上多次强调的重要事情，用会议强
调。指出举措性的用会议要求，一
般强调工作意义的用认为或指出，
会议明确分工的用会议明确。

我也不知道对不对😔

这位网友的答案，我觉得是对的。
对于公文写作来说，这算边角料问题，
这样的问题，教科书上基本没有，
可能也不认为它是个问题，

强调 ▸   😊 +

大多数人都是先模仿、再自己琢磨，
我自己的学习过程也基本如此。

1月14日 早上08:36

我相信大多数人写材料都是从照葫
芦画瓢开始的，我自己也是这样。
最初，我们模仿别人的稿子，看到
"会议认为""会议指出"放在文稿的前
半部分，后半部分是"会议要求""会
议强调"。别人这么写，我也这么
写。反正就觉得不能重复，要间隔
使用。等到写了几次就会琢磨，到
底有什么区别？认为，指出，要求，
强调，这些词本身的意思差异非常
大，是不能随便替换使用的。

学习了

按说，这些词汇的字面意思本身差异较大，
但是，在公文及媒体使用中发生了异化，
变成某种固定格式，模糊了差异。
大多数初学者在模仿写作阶段都知道，
"会议号召"总是出现在结尾的地方，
这个很简单，最容易掌握，不再分析。

模仿 ▸   😊 +

@万华 万老师，我认为一般这样排布也是符合逻辑的，一般讲一件事情，首先会做一个解释一般会这件事情的重要性，意义。(如果没有啥意义会也不用开了。)然后针对这是怎么做呢？应该是有个性化的应对措施，这个时候就应该是提出要求了。最后如果这件事情有什么特别需要注意的，就应该是强调一下，放在最后面。

自己的一点理解，不造对不对。😊

你的理解是对的。【万】

那么，请教万老师，在写会议信息时，用某某领导指出，某某领导强调，还是用会议指出，会议强调比较好？

同理，会议要求，会议强调，都放在中后部分，也有细微差别。初学者容易按顺序写，比如，会议提出五个方面要求，他按顺序将前三个写在"会议要求"里，后两个写在"会议强调"里，变成并列的，而且后两个的重要程度不如前三个。这就有问题了，其实，"会议要求"应该是对五个的归纳概述，"会议强调"应该是重中之重。【万】

万老师，你写个内部教案 让大家学习学习

1月14日 早上08:59

 教案 ▸

"会议指出""会议认为"放在文章靠前的部分，
"会议要求""会议强调"放中间和后面。
这样写，大错不错，尤其内容不复杂的稿子，
这样写基本上就是对的，蒙对也是对。
并且，初学者也知道这几个词语要"花"着用，
也就是间隔着用，显得有变化。

1月14日 早上08:49

会议认为，会议指出，这两个都是谈认识的。也有细微差别。会议认为，一般是带有共识性的，大家都觉得应该这样。如果是揭示本质的，代表强烈立场的，或者我的看法是大家都没意识到的，用会议指出，比较好。比如，甲国用导弹把乙国的军事首脑炸死了，丙国如果是与乙国关系好的，外交部发言人就用"指出"，外交部发言人指出，这不是反恐，这是一起严重的恐怖暗杀事件。【万】

但是，仅仅这样还不够，只是皮毛，
有必要真正了解它们的区别。

 花 ▸

· 123 ·

上面的截屏，有的有错别字，
有的来不及展开，没有写全，
下面，对每一个引导词逐一分析：

会议认为。侧重于表达共识。参加会议的大多数人都持这种看法，即便有的与会者原来没有这样的看法，经过会议的交流讨论，最后统一到这个观点上来了。

会议指出。侧重于揭示本质。大家原来被表象、假象所迷惑，现在拨开迷雾，指出了真相，具有正本清源的意思。

会议提出。侧重于提出新的主张。亮明会议的观点，也是会议的成果，这些成果当然是在共识基础上进一步归纳、升华形成的。经常被称为"新提法"。

会议要求。侧重于指会议所能约束的对象应当遵守的要点，也就是要求对象做到的，主要是务虚的、方向性的。

会议强调。可以理解为会议要求的升级版，

 共识

是比一般要求更重要的要求，是重中之重，是主题、主线，是牛鼻子。

会议明确。侧重于布置具体任务和事项。比会议要求更具体、更具有操作性，有时要写清楚责任单位、责任人、完成任务的时间要求、数量和质量要求。

会议号召。侧重于务虚，用于凝聚共识、提振信心，常常写在公文结尾，句式像喊口号一样。

比如，有个会议提出了5个方面要求，
按照一知半解的初学者的用法，
往往就把前3个要点，写在会议要求的段落，
把最后两个要点，写在会议强调的段落，
反正都是并列关系，前后分配一下得了。
有的会议内容没那么复杂，这样写也可以，
如果仔细抠的话，这样不是最佳写法！
会议要求与会议强调，是重点与一般的关系。

四中全会公报，提供了一个很好的样本，

 口号

· 124 ·

它的 14 个"全会提出"，是并列关系的内容，

它不怕重复，不怕单调，连续用了 14 个。

它的"全会强调"使用了 2 次，

分别出现在 14 个并列内容的一头一尾，

分别是开头总揽概述和收尾总结的作用，

说到底，还是形式服从服务于内容，

而不是追求表面上的花式间隔使用。

再比如，"会议认为"，主要谈达成的共识，

"会议指出"，带有揭示本质的意味，

也就是说，本次会议所指出的看法，

是大家之前没看出来的，需要特别提醒！

大家之前只看到表面，而本次会议揭示了本质，

所以，会议公报郑重其事地帮你指出来，

不要以为你们早就意识到了，

你们原来的看法被别人带偏了，是错的！

4.公报。适用于公布重要决定或者重大事项。

公报的发文主体也可以是两个政党、

带偏 🖱

两个国家、两个国家的领导人共同发布，

比如，经常被提到的"中美联合公报"。

这一点，显著区别于其他公文。

本章的几幅插图，来自网友群，

这种微信群有好几个，主要是网友，

有的虽是本埠公务员或企事业单位文秘，

但未曾谋面，只知道网名，不知真姓名，

万华把你算成广义的同事。

这些网友，买了万华的第一本书，

扫描书中的二维码，加了我微信，

经常就写材料问题私信我，想交流，

于是，我本着提高效率的出发点，建群！

万华个人微信

群 🖱

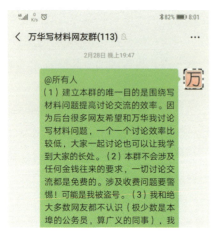

其实，我早几年就尝到了建群的甜头。

万华作为机关的信息简报编辑，

经常与各单位信息员频繁交流工作，

比如，约稿、组稿、讨论修改等。

交流方式以前是电话，后来短信、微信，

有同事说，你可以建群啊！

受到启发，我陆续建了工作群，

按照条与块、不同层级，建了好几个群，

实践下来，效率高，效果非常好。

近期陆续建的几个网友群，情况非常好！

许多网友反映，群里的交流很有启发，

短时间内改变了他们对公文写作的认知。

其实，万华自己何尝不是收获满满，

因为，群里并不全是初学者，

也有一些老法师，讨论很有含金量，

有些偏门知识点，老万也是第一次听说，

使我学到了很多，填补了空白点。

许多网友在群里恭维我，老要献膝盖，

把我捧得越来越自信、越来越膨胀。

这让我不得不反复强调这样的群秩序：

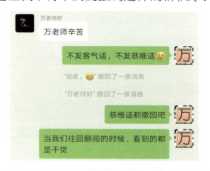

有的问题，我原来没觉得是个问题，
网友提问，让我知道新人的难点在哪里，
知道哪些是广大初学者的共性需求。

第 15 章
决定就是决定

合肥市人民政府关于取消证明事项的决定

合政〔2019〕85 号

各县（市）、区人民政府，市政府各部门、各直属机构：

为贯彻落实党中央、国务院关于减证便民、优化服务的决策部署，按照《国务院办公厅关于做好证明事项清理工作的通知》（国办发〔2018〕47 号）、《安徽省人民政府办公厅关于做好证明事项清理工作的通知》（皖政办秘〔2018〕162 号）要求，经市政府第 37 次常务会议研究决定，取消市政府规章、市政府规范性文件设定的 19 项证明事项。

附件：取消的证明事项目录（19 项）

2019 年 8 月 20 日

决定这种文件，主要写清楚决定的依据，
这份文件的依据，只用了一个长句子，
这个句子包括 4 个方面的依据：
依据一，中央最近要求减证便民、优化服务。
这个要求可能是对面上的普遍性要求，
内容可能大于合肥市这份决定的范畴，
即，合肥市的这份取消证明事项的文件，
贯彻的只是中央部署中的一个方面。

决策决定的结构：依据 + 内容

依据二，国办、省府办发了这方面文件。
这两个文件的标题是一样的，这说明，
省府办的文件就是贯彻国办通知的通知，
同理，市府这个是贯彻省府办文件的文件。

依据三，这个决定经过市政府常务会议程序。
取消这么多证明事项，事关民生，
也事关行政服务事项办理流程的变化，

背后要做很多相应的调整，
否则，证明取消了，管理留下漏洞不行，
所以，取消证明不是一句话那么简单，
要配套做好相应事项，要经过一定的决策程序。

依据四，这次取消的证明事项，
仅限于由市政府规章、规范性文件设定的证明。
由此，就引出另外一个问题，
下级机关贯彻落实上级机关的"上位"文件，
发文主体通常是与上级文件相对应的，
即，上级是政府发文，下级也是政府发文，
上级是府办发，下级也会是府办发。
而这个文件，没有按这个惯例，
国家层面，是国务院办公厅发文件，
省的层面，是省政府办公厅发文件，
但到了市层面就不再是市政府办公厅发文。
这是因为，这些证明事项是市政府文件设定的，
要取消它，解铃还须系铃人，
得由市政府发文，而不是市府办发文。

市政府关于表彰优秀教育工作者的决定

仪政发〔2019〕99号

各镇人民政府，各园区，市各委、办、局，市各直属单位：

今年是中华人民共和国成立70周年，9月10日是第35个教师节。为大力倡导尊师重教的良好风尚，激励广大教育工作者积极献身教育事业，市政府决定对近年来在教育战线上做出显著成绩的张妮等50名同志予以表彰，授予"仪征市优秀教育工作者"称号。

希望受到表彰的同志珍惜荣誉，再接再厉，在各自岗位上做出新的成绩。希望全市广大教育工作者以先进为榜样，爱岗敬业、无私奉献，锐意进取、勇于创新，不断提升自身师德修养和业务水平，争做"有理想信念、有道德情操、有扎实学识、有仁爱之心"好教师，为实现教育现代化、建设"强富美高"新仪征作出新的更大贡献。

强富美高 ▸

附件：仪征市优秀教育工作者名单

仪征市人民政府

2019年9月9日

（此件公开发布）

这篇决定结构也比较简单，
第1自然段是背景，非常简洁的两句话，
第1句，70周年、第35个教师节，
这两个都是逢五逢十的"大庆"，
潜台词是，这次表彰比较隆重，规格高！
第2句，表彰的是近年来的先进，
不是一年一度的常规的先进，
是管好几年的，从另一侧面表明规格高。
这也是为什么用决定而不用通报的原因，
为什么是市政府表彰而不是教育局表彰的原因。

表彰决定的结构：依据 + 内容 + 提希望

提希望 ▸

表彰先进可以使用命令、决定、通报等，
它们的层次应该有所区别，
命令最高，而且是中高级机关比较常用，
决定次之，通报更低。

万老师好，请教您，方便时给指点一下：我们单位评选了 2019 年度的十大典型，这个发文时，该用决定还是通报的文种？谢谢啦

通报

哦。关于表彰 2019 年度系统"十大身边典型"的通报？用决定是不是更权威正规一点呢？

一般来说，年度的、常规的表彰适用用通报，
特别的或者逢五逢十的"大庆"用决定，
这里所说的特别的，比如见义勇为，
而且行为比较壮烈、社会影响也大，
他的事迹，与那些常规的、一年一度的、
排座座吃果果的先进事迹相比，显然更突出，

大庆

那么，用决定比较合适。
如果一个单位平时表彰年度先进就用决定，
那么，遇到这种突出的事迹，怎么办？
用命令吗？你这机关的层级不太够啊。

中下层级机关的领导总是有着用高阶文种发布低阶事项的冲动，文秘可以劝说，但不必硬顶。

好了，这里又涉及理论与实际的差异，
由于领导自身投入某项工作十分深入，
因此，他对这项工作的重要性的主观感受，
有别于旁观者。劝说领导用常规文种，
领导非常委屈，觉得看人挑担不吃力，
所以，文秘的劝说尽到责任就行。

2.**决定**。适用于对重要事项作出决策和部署、奖惩有关单位和人员、变更或者撤销下级机关不适当的决定事项。

高阶文种

这里顺便提一下，各种文件的适用范围，
虽然相互之间有明显差异，但是也有交集，
初学者难免感到：还是难以区分啊！
不要紧的。应该建立这样一个理念，
党政机关 15 种公文，并非只对应 15 种发文情况，
并非一一对应的，也不是非此即彼；
而是可供选择使用的、具有一定自由度的。
也就说，多数情况下，某一种发文情况，
总可以在 15 种公文中找到一两种适用的文种。

公文种类的适用，并非一一对应，也不是非此即彼，要防止僵化。

老万岔开写几句，公文的这种适用状况，
是否也从另一个侧面表明，
目前的 15 种公文，种类似乎还是太多了？
是否可以把它们归并到 10 种以内？

🔊 归并 ▸ 😃 ⊕

如果让老万参与修订条例，我就是这个意见！

万老师为什么总想减少公文种类？

至少可以减轻公务员培训考试负担啊！

🔊 修订 ▸ 😃 ⊕

第 16 章
祝愿社会和谐用不着戒严令

令的种类较多，常见的和耳闻的有：

1. 公布令。2. 任免令。3. 授勋令。4. 嘉奖令。
5. 指挥令。6. 否决令。7. 通缉令。8. 特赦令。
9. 戒严令。10. 动员令。11. 通令。12. 手令。

别看这么多，其中大多数种类，大家没机会写，
围绕条例的相关考试，也不会考到。

手令，大家不会接触到，非常时期才用，
相当于古代调兵遣将的"虎符"的功能，
因为涉及战争、死亡，责任重大，不能儿戏，
需要真凭实据，需要留下痕迹，
命令的执行者，既要鉴别命令的真伪，
也要防止上级领导事后不认账，
所以需要手写，防止可能是冒充的，

 痕迹

空口无凭、立字为据，不见兔子不撒鹰。
影视作品中，经常有委员长手令，
近几十年来，有一些八卦中提到过手令，
反正，老万工作中从没见过手令。

通令的通字，表明在一定范围让大家知道，
比如通令嘉奖，就是要号召大家学习。

特赦令、戒严令都是特殊时期才用，
祝愿社会和谐，用不着戒严令。

昆明市人民政府令
第 150 号

《昆明市机动车停车场管理办法》已经
2019 年 5 月 27 日昆明市人民政府第 41 次常务会
议讨论通过，现予公布，自 2019 年 8 月 18 日起
施行。

 手令

市　长　（签名）

2019 年 7 月 4 日

昆明市机动车停车场管理办法（略）

这是一篇公布地方政府规章的令，
公布法规和规章是令这个文种的常规用途。
这类令的篇幅一般很短，结构也简单：

公布法规和规章的令的结构：

规章名称 + 依据程序 + 施行时间

这篇令的决策事项，是停车场管理办法，
决策程序包含两个要点：
决策主体是市政府，决策程序是常务会议。

决策时间与施行时间之间，有个时间差，
这个容易理解，新老制度交替，需要做准备，
有关单位要做内部准备，并对外宣传。

施行

行政相对人也要有个心理准备，
原来经营停车场的老板，利益可能被调整，
他需要考虑扩大经营或转型升级，
住宅停车涨价，广大群众也要有个适应过程。

河北省人民政府令

第 12 号

《河北省重大行政决策程序暂行办法》已经
2019 年 12 月 15 日省政府第 73 次常务会议通过，
现予公布，自 2020 年 2 月 1 日起施行。

省长（签名）

2019 年 12 月 31 日

这篇令的结构，与上篇相同，不再分析。

3.**命令（令）**。适用于公布行政法规和规章、
宣布施行重大强制性措施、批准授予和晋升衔级、
嘉奖有关单位和人员。

转型

条例关于令的适用，主要有 4 方面：

一是批准授予和晋升衔级，

这主要针对军队和警察，不用解释。

二是宣布施行重大强制性措施，

比如刚才提到的戒严令；

又比如疫情防控中的小区封闭管理，

首选的文种应该是令，但是，

这次武汉"封城"用的是通告，

发文主体是市疫情防控指挥部。

老万理解是为了缓和气氛，

防止群众产生恐慌心理。

三是嘉奖有关单位和人员，

一般认为比决定、通报的表彰层次更高。

四是公布行政法规和规章，

说到法规和规章，需要普及几个概念：

右图是按效力从大到小排列，

按关键字记忆法，下列从高到低排序，

宪，法，规，章，范。

 规章

（1）宪法（全国人大）

（2）法律（全国人大或常委会）

（3）行政法规（国务院）

（4）地方性法规（省级人大）

（5）部门规章（国家部委）

（6）地方政府规章（省或设区的市政府）

（7）规范性文件（各级政府）

这几个汉字本身看不出谁大谁小，

它们在中国古代各有含义，

将这些含义与西方法律体系对应起来，

是近代以来翻译家的选择，

在长期演变中，被分别赋予了特定含义，

久而久之，约定俗成，就这样。

其中，（3）（5）（6），可由令发布，

（1）宪法（2）法律（4）地方性法规，

 演变

由人大或人大常委会发布。

有个边角问题，第（4）与第（5），
两者的法律地位容易搞错，
国家部委的行政规章，比地方性法规低，
怎么理解？国家部委的行政规章，
管的是涉及全行业、全国性的事，
怎么会比一个省的地方性法规效力低？
是的，没错！部门规章是政府颁布的，
而地方性法规尽管只管一个省，但它是法规，
它是省级人大通过的，所以，
在某一个省，法规比规章的效力高。

但是！以上这段分析现在是错的！
这是《立法法》颁布之前的情况。
根据《立法法》第九十五条第（二）款，
上述情况由国务院提出意见，
如果国务院认为应当适用（4），

⟨)) 效力 ▸   😀 ➕

那么就按国务院意见办；
如果国务院认为应当适用（5），
那么还应当提请全国人大常委会裁决。

⟨)) 裁决 ▸   😀 ➕

第17章
政府机关基本上不用决议

中国共产党河南省第十届委员会
第八次全体会议决议

（2019年1月6日中国共产党河南省第十届委员会
第八次全体会议通过）

中国共产党河南省第十届委员会第八次全体会议，于2019年1月5日至6日在郑州召开。

全会由省委常委会主持。全会高举习近平新时代中国特色社会主义思想伟大旗帜……向着中原更加出彩的目标扎实迈进。省委书记王国生，省委副书记、省长陈润儿分别作了讲话。

全会充分肯定省委常委会2018年的工作。一致认为，过去的一年……各项工作在原来的基础上取得新进展，中原更加出彩迈出新步伐。

全会回顾总结了2018年全省经济工作。指出过去的一年……同时，经济社会发展中还面临

不少困难和问题，必须高度重视、认真解决。

全会对中央经济工作会议精神进行了深入学习。一致认为……无论风浪多大，中国经济这艘大船也能沿着正确方向行稳致远。

全会以习近平新时代中国特色社会主义经济思想为指引，深入分析了推动经济发展高质量的时与势……

全会指出，今年是新中国成立70周年，是全面建成小康社会关键之年，做好经济工作尤为重要。总体要求是……

全会强调，落实总体要求、实现今年预期目标，要沿着高质量发展的方向前进。坚定不移……

全会明确了今年经济工作的重点任务，强调要……要……

全会强调，要加强和改善党对经济工作的领导，以党的建设高质量为经济发展高质量提供坚强保证。要……要……要激发担当作为，以竞进的姿态促高质量发展。

出彩

竞进

全会强调，交出高质量发展的时代答卷，每一名党员干部都是参与者、实践者，都要做斗争精神、奋斗精神、改革开放精神的示范者、引领者……

全会审议并表决通过关于批准辞去、免去部分省委委员职务的决定。

全会号召……奋力谱写中原更加出彩新篇章，以经济社会发展的优异成绩庆祝中华人民共和国成立70周年！

这篇决议的框架，与上一章的公报相似，
所以，也就没必要逐段分析了，
有兴趣可以对照第14章的四中全会公报琢磨，
多看几遍你就发现，仅就结构而言，
也就那么回事，套路都差不多；
难的是对内容的把握，需要积累。

从这两篇材料也可以看出，
决议与公报，这两个不同的文种，

居然可以写得神也相似、形也相似，
这进一步印证了，不同种类公文的适用，
是一种宽泛的适用，而非一一对应。
从内容看，这篇决议写的都是经济工作，
说明这次省委全会的主题是研究经济工作。

目前，常见的决议主要有两类：
一是党的决议，二是人大的决议。
因为本书紧扣条例所涉及的党和政府机关，
所以，人大的决议不作分析。

从河南的这份决议看，有两个特点：

一是严格的程序性。"决议"这两字都表明程序，
百度给决字提供了5种释义：
1. 水冲破堤岸，开口子；2. 确定，拿定主意；
3. 确定最后胜负；4. 一定；5. 处死。
其中第2种是拿主意、作决定。
"议"字含有言字旁，可以理解为，

经过了大家七嘴八舌的讨论，
可以理解为，委员会机关用得多。

二是效力的权威性。这与第一条紧密相关，
凡是参与决策的人多，效力一定更大。
决议是针对重大事项或重大问题所作决策，
一经形成，即在效力范围内产生重大影响。

从本章这篇决议和第 14 章的公报都可以看出，
都是以面面俱到来体现慎重的文种，
比如，都要对之前的情况进行回顾总结，
只有回望来时的路，才能看清前行的方向，
都要写目的和意义、路线和方针，
以此表明，作这项决议，是多么高屋建瓴，
考虑了方方面面的利益，多么深思熟虑，
所以，开这个会、作这个决议非常必要而且重要！
最后，还要发出号召，大家要行动起来啊！

政府机关、尤其是地方政府用不用决议？

尤其

关于这一点，公文条例没有明文规定。
在老万的工作中，没见过地方政府的决议，
向多个省市的文秘朋友求证了，
这些年也没有经办过地方政府的决议。
基本可以说，政府机关现在不会用到决议，
至少在 2012 年条例生效后是这样，
太远的情况咱不去管，考试不会涉及。

中央人民政府委员会
关于调整中央人民政府机构的决议
（1952 年 8 月 7 日中央人民政府委员会第十七次
会议通过，1952 年 8 月 10 日中央人民政府公布）

中央人民政府委员会第十七次会议决议：
一、中央人民政府情报总署，中央人民政府
新闻总署均即撤销。
二、成立中央人民政府对外贸易部、中央人
民政府商业部，并于该两部成立后撤销中央人民
政府贸易部。

总署

· 138 ·

三、成立中央人民政府第一机械工业部，中央人民政府第二机械工业部，中央人民政府建筑工程部，中央人民政府地质部，中央人民政府粮食部。

为什么老万说政府基本上不用决议？
这话留了口子，存在不确定性吗？
老万上网一搜，还真搜出一篇政府决议，
这篇决议的年份，有其特定的体制背景，
顺便给文秘新人八卦一下相关知识。

目前体制，分工明确：党委是领导机关，
人大是权力机关，政府是行政（或执行）机关。
党中央及各级地方机构都叫"委员会"，
人大的常设机构也叫"委员会"，
如某省区市人民代表大会常务委员会，
委员会的含义，就是大家一起决策，
委员会中有个"会"字，说明经常要开会，
带有酝酿、讨论、投票、表决等意思，

行使权力的这些过程都得好多人在一起才行。
而政府是执行机关，主要考虑提高效率，
所以，政府实行行政首长负责制，
有些事，首长决定或班子决定，不用开大会。

政府现在会议一点也不少。

这篇决议是 1952 年的，当时没有人大，
当时的政协有着人大的部分职能，
当时政府的名称中有"委员会"字样，
可以认为，当时的政府不完全是执行机关，
所以，当时的政府机关才会有决议这个文种。

另外，说到委员会，现在的词义也在泛化。
最初，委员会下面一般会有实体机关，
当年的国家计划委员会，下面管十来个部，
可以这样理解，当年的计划委员会，
是建立在各个执行机关性质的"部"之上的，
兼具议事协调与执行双重功能的机关。
近些年的发改委，仍然具有议事协调的痕迹，
有（过）物价局、能源局、粮食局等，

委员会

执行

这充分体现了委员会的本源含义。

当然，有的部门虽然称"委"，其实与局一样，

比如，县教委与教育局就没有区别。

1. **决议**。适用于会议讨论通过的重大决策事项。

最后，不得不说，1952年的行文很简洁，

这篇决议除了写决议事项、通过时间之外，

没有一句指导思想、意义、基本原则。

本源 ▸

第18章
党的机关不用议案

议案，这个文种有两个知识点：

一是政府用，党的机关不用，

二是只能发给同级的人大或常委会。

本章的标题与上一章不同，

上一章用了"基本上"，留了活口，

这一章是完全确定的，斩钉截铁的，

党的机关不用议案！议案就政府用。

用得比较多的情况主要是：

提请审议人事任免，审议政府工作报告，

审议法律法规，审议相关指标调整。

"议案"两个字可以理解为，

提请审**议**某某草**案**的缩写，

就是拿来供讨论、供挑毛病的，

最后，当然是希望获得通过并生效。

议案 ▸

下面是一篇关于调整预算的议案：

**上海市普陀区人民政府关于提请审议
《普陀区本级 2019 年预算调整方案（草案）》
的议案**

普府〔2019〕55 号

上海市普陀区人民代表大会常务委员会：

根据《预算法》和《上海市预算审查监督条例》有关规定，预算执行中出现需要增加或者减少预算总支出、调入预算稳定调节基金、增加举借债务数额等情况，应当进行预算调整，各级政府应当编制预算调整方案，报同级人大常委会审查和批准。据此，区财政局编制了区本级预算调整方案（草案），并经区政府同意后，提请区人大常委会审议。

上海市普陀区人民政府

2019 年 6 月 25 日

这篇议案的正文，只有两句话，
而且两句话都是依据，前者是上位法依据，
后者是本机关的决策程序依据，
具体的预算调整草案，作为附件。

**调整预算的议案的结构：
上位法的依据 + 本级机关决策程序依据**

这篇议案的依据，不但列出了《预算法》，
列出了《上海市预算审查监督条例》，
还具体列出了其中的有关条款，
老万觉得这样写没什么问题，比较周全。
但好像也可以简略一点，写成这样：

根据《预算法》和《上海市预算审查监督条例》有关规定，区财政局编制了区本级预算调整方案（草案），并经区政府同意后，提请区人大常委会审议。

下面是一篇关于人事任免的议案。

上海市徐汇区人民政府
关于提请审议某某同志任职的议案

徐府〔2015〕829 号

徐汇区人民代表大会常务委员会：
　　现提请任命某某同志为徐汇区体育局局长。
　　请予审议。

区长（签名）
2015 年 11 月 4 日

关于人事任免的议案，一般没有"废话"，
不会写半句涉及任命对象的德能勤绩情况、
任命对象的简历等情况有时作附件。

下面这篇议案，内容比较长，
有关情况都在文件的正文里写了，
所以，这种写法一般就没有附件了。

🔊 提请

甘肃省人民政府关于提请审议
调整甘肃省国民经济和社会发展第十三个五年规划
纲要有关指标及增加目标任务的议案

省人大常委会：
　　2018 年 11 月 12 日，十三届省政府第 34 次常务会议原则通过了《甘肃省国民经济和社会发展第十三个五年规划纲要》(以下简称《规划纲要》)实施情况中期评估报告，11 月 20 日经省委常委会审议，建议对《规划纲要》有关指标和目标任务进行调整。现提请审议。
　　一、调整部分指标
　　党的十九大报告明确指出"中国特色社会主义进入新时代，我国经济已由高速增长阶段转向高质量发展阶段"。为适应这一重大转变，综合考虑国内外发展环境，结合我省实际，建议对《规划纲要》地区生产总值、全社会劳动生产率、固定资产投资增速、研究与试验发展经费投入强度

🔊 评估

4项指标进行调整。

（一）地区生产总值。"十三五"前两年年均增长5.58%，2018年预计增长6%左右，结合发展环境、增长潜力等因素分析，预计2019年、2020年全省地区生产总值增速在5%—6%之间，按此测算，"十三五"五年年均增速在5.5%左右。建议《规划纲要》地区生产总值由年均增长7.5%调整为年均增长5.5%左右。

（二）全社会劳动生产率。该指标与地区生产总值密切相关，根据地区生产总值年均增长5.5%左右的调整目标，考虑全省新增就业情况，建议《规划纲要》全社会劳动生产率由年均增长6%以上调整为年均增长5%左右。

（三）固定资产投资增速。"十三五"前两年年均下降18.7%，今年前三季度下降6.1%，预计今年全年增速可实现由负转正。综合考虑环境变化、项目建设情况，建议《规划纲要》固定资产投资"十三五"后两年增速调整为年均增长3%左右。

（四）研究与试验发展经费投入强度。该指标"十二五"五年提高了0.22个百分点，2015年为1.22%，2017年为1.19%，与2015年相比不升反降。综合考虑"十二五"增长水平和"十三五"进展情况，建议《规划纲要》研究与试验发展经费投入强度由2020年达到2%调整为2020年达到1.5%左右，五年提高0.28个百分点左右。

二、战略性新兴产业增加值比重指标不再纳入《规划纲要》指标体系

按照国家改革规范统计制度要求，我省战略性新兴产业增加值比重指标原界定范围数据不再进行统计，建议该指标不再纳入《规划纲要》指标体系。全省产业结构调整和转型升级的成效，在十大生态产业增加值占地区生产总值比重年度监测中体现。

三、在《规划纲要》中增加安全生产有关目标任务

按照2017年国务院安委会第五巡查组巡查

测算

战略性

我省时提出的"中期评估时将安全生产有关目标任务纳入《规划纲要》"的要求，为进一步加强全省安全生产工作，建议在《规划纲要》"加强和改进安全生产"中，增加"2020年，全省各类事故起数、死亡人数、重大事故起数、重大事故死亡人数分别较2015年下降10%、10%、20%、22%"的目标任务。

　　"十三五"后期，省政府将在确保完成脱贫攻坚、生态保护基础性底线性任务的基础上，在绝不放松民族宗教工作的前提下，在努力抢占"一带一路"五个制高点的背景下，突出抓好十大生态产业，推动绿色发展崛起，把"转方式调结构、发展实体经济、培育新动能转化旧动能、建设现代化经济体系、推动高质量发展"五篇文章一起做，同时统筹做好民生保障等工作，努力建设经济发展、山川秀美、民族团结、社会和谐的幸福美好新甘肃。

省长　某某某

2018年11月20日

制高点

调整指标的议案的结构：事由 + 具体事项 + 结束语

　　事由，就是这篇文件的帽子段，
《规划纲要》执行到一半需要进行中期评估，
评估发现，有的指标完成不了，
因为宏观环境发生变化，或者其他原因，
原来定的指标太高了，要调低一点。
还有，原来有的指标没考虑周全，
或者，国家层面根据新形势提出了新要求，
省里需要增加相应的内容。
这件事一般由发改委提出方案，
因为原来起草者也是发改委。
先提交省政府常务会议审议，
省政府审议通过了，还要向省委汇报，
为什么要向省委汇报？两方面理解：
一是修改五年规划是大事，大事党委定，
二是原来制定规划就经过了省委审议，
所以修改的时候也按原来的程序。

审议

这篇议案所提的具体事项有3件：

一是指标可能完不成了，要调整。

二是国家统计规范有变化，

省里的规划纲要也要相应变化。

三是国务院巡察组指出了问题，

要求把安全生产指标放进规划纲要。

其中，每项具体事项，又有些说理的句子，

解释为什么要调整，依据是什么。

结束语，主要是表态、提出号召。

13. **议案**。适用于各级人民政府按照法律程序向同级人民代表大会或者人民代表大会常务委员会提请审议事项。

现在，要告诉你一个巨大乌龙！

在本书一校的时候，老万发现，

初稿少写了一章——通告，

也就是说，15种公文只写了14种，

这是不是可以作为公文种类偏多的佐证？

同时，我也相信，你读到这一章时，

对各种公文规律已经熟悉，

并不需要穷尽全部文种举例讲解。

6. **通告**。适用于在一定范围内公布应当遵守或周知的事项。

关于模板，本书就讲这几个模板，

用模板打比方只是为了形象说明问题。

模板的归纳，与法人性格的归纳、

公文度量衡的归纳不太一样。

后者具有一定的理论创新色彩，

是从现象到本质的递进，有思考深度。

而前者却并非什么新的发明创造，

只是从抽象到具象的牵移，技术含量不高。

第 19 章
公文的概念不必死记硬背

前 18 章对各种公文进行了逐一分析，
有的比较详细，有的一带而过，
因为老万也没写过那几种公文，
没有比一般认识更深刻的认识，所以少写。
其实呢，万变不离其宗，规律相通的，
对于理解公文、掌握规律而言，
以上分析，已经完全够用了。
并且，老万没有详细分析的那些文种，
你平时用到的机会很少，即便工作中碰到，
临时查找规范、找几篇范文也不难，
实在不行，请教你们单位的老法师。

从本章开始的几个章节，
将从例文分析，转向规范分析，
从感性到理性，从特殊到一般，
换个角度审视各种公文及其规范和格式。

🔊　一般 ▸　　　　　　　　😊 ⊕

同时，这部分内容对复习迎考具有实用价值，
既然是条例规范和格式，必然就比较枯燥，
暂时不考试的，简单浏览一下就行。
老万每年向新公务员讲解这些内容，
都感到很无趣、很无奈、很乏味，
因为都是硬杠杠、死规定，没有道理可讲，
为什么这样规定？条例就是这么写的！
你问我，我问谁！
谁也没解释过，无从找答案。

当然，一直追看《公蚊不咬人》的朋友，
熟悉老万文字风格的朋友都知道，
即便是这部分非常枯燥的内容，
只要由老万来分析，肯定能写出新境界，
这个新境界就是，你可能想到了，但没说出口，
正所谓：众人心中皆有，唯我笔下独有。
这个新境界就是，有着厚实的理论支撑，
是地基很扎实的大楼，不是临时棚舍。

🔊　境界 ▸　　　　　　　　😊 ⊕

这个新境界就是，涉略的广泛性，
你不知道老万会联系哪门学科的知识点，
为公文写作提供新视角、新理论，
有时，甚至连老万自己都不知道，
下一笔，顺手拈来的会是怎样的惊鸿一瞥！
对读者是突然袭击，对我自己也是。
这个新境界就是很幽默、容易记住，
而且，老万所发掘的笑点，都是独创的，
不是网络上似曾相识、人云亦云的段子，
老万的段子都是原创的，有助于你加深理解，
通过揭示本质，让你豁然开朗，
这是万华写的书的最大特色和魅力。

人们日常所称的公文，它的概念有大有小，
第一层次的、最广义的公文概念：
公文是指单位的文书或单位的文字材料。
单位包括机关、事业单位、企业、各种组织，
一般来说，这些都是法人，不是自然人。
这个广义定义的潜台词是：公文不是私文。

私文，是老万生造的词，大家不要使用，
凡是自然人，代表自己的意志所写的材料，
都可以看成私文，比如日记、私信、
微博、微信朋友圈以及点赞、评论和留言等。
前些年，有评论家把某一类作家的写作行为，
称为私人写作，是指它的作品非常"自我"，
不怎么涉及宏观叙事，只写自己的生活，
这里的"自我"是中性词。

范围稍小一点、第二层次的公文概念：
公文是指机关的文字材料。
这个概念把事业单位、企业排除了，
在法律层面，机关属于公权领域，
企业属于私领域，国企、民企都是私领域。
公领域用公法，私领域用私法。
怎么理解私领域？举个这样的例子：
凡是企业与企业、企业与个人的纠纷，
不管什么所有制，都适用民法（典），
它们之间是平等主体，至少理论上平等。

而企业与政府、个人与政府之间，
涉及行政管理、执法、审批问题的纠纷，
一律适用行政诉讼法，俗称"民告官"，
电影《秋菊打官司》说的就是这。
政府与企业、个人，它们的关系是，
行政主体与行政相对人的关系，
是管理者与被管理者的关系。

第二层次概念中所说的机关，
不仅指党委和政府机关，
还包括人大机关、审判机关、军队机关等。

范围更小的、第三层次的公文概念：
公文是指党政机关的文字材料。
字面上，它包括党政机关的所有文字材料，
什么通知、报告、请示、工作计划、总结等。
这个层次不必展开了，大家也不必记，
其实，以上几个层次的分析都不必去记住，
因为这些铺垫都是为最终概念服务的。

 行政

第四层次，即《条例》所指的公文概念：
公文是党政机关的 15 种文字材料，
15 种以外的工作计划、调研报告等，都不算。
本书的内容就是围绕这个概念展开的。

第三条　党政机关公文是党政机关实施领导、履行职能、处理公务的具有特定效力和规范体式的文书，是传达贯彻党和国家的方针政策，公布法规和规章，指导、布置和商洽工作，请示和答复问题，报告、通报和交流情况等的重要工具。

这里所说的《条例》是指
《党政机关公文处理工作条例》，
关于条例，需要了解以下几点：

发文主体。是中办、国办两个办公厅。
党的公文与政府的公文都受该条例约束，

 体式

而在此之前，两者是分开的，各有各的规范，

党政合一，是该条例的显著特点之一。

生效时间。2012 年 7 月 1 日。

为了不给你考试造成干扰项，

该条例的印发时间老万就不写了，

大家只要记住这一个时间就行。

怎么记住？7 月 1 日是党的生日，好记。

2012 年是出台八项规定的年份，

年长的公务员对八项规定印象很深，

那么，年轻公务员怎么记住 2012 年？

你们年长的公务员为什么
对 2012 年记忆深刻？

感谢八项规定，把吃喝
应酬负担砍了！有利公务员健
康。

主要变化。条例与之前的规范有何变化？

同样，为了不增加干扰项，

原来的规范不提了，只说最重要的改变：

🔊 八项规定 ▸   😀 ➕

格式方面，取消了**主题词**。

主题词曾经是机关一项搞脑筋的技术活，

也是办文岗位的人经常被别人求教的内容。

重要公文要求由主要负责人签发。

说到签发人，有个典故就在这里提一下，

50 年代，周恩来总理开会，

某个部长（也可能是副部长）汇报情况比较乱，

就像有的领导连生产多少口罩都搞不清，

被总理当场严厉批评，一问才知道，

这件事不是该部长分管，材料也没经他手。

然后，总理立了规矩，凡是报他的文件，

必须注明签发人，以示负责。

这个典故可信度如何？我也是听来的。

经过多年演变，现在的规定是：

重要公文和上行文由机关主要负责人签发。

上行文是写给上级的，当然是重要公文！

🔊 主题词 ▸   😀 ➕

第20章
在对比中努力区分近似文种

条例分别明确了 15 种公文的适用范围，
但没有对每种公文下定义，
也许默认这些常用、浅显的名词无需解释。
比如，决议与决定，单从字面意思没什么好解释的，
只不过人们在长期使用中约定俗成，
在特定的专业领域赋予了它特定含义，
然后，再经过法定程序将其固化，
从而形成某种情形只能用决定、不能用决议。
看到右侧这段文字，文秘新人多半会晕！
一是名称本身比较相近，
比如通报、通告、公告、公报……
普通话等级水平不高的人，念起来比较吃力，
读音和含义都比较相近。
二是适用范围有的也比较相近，
经过前面例文分析，大家都有所了解。

听的人更吃力。

默认 ►

1. **决议**。适用于会议讨论通过的重大决策事项。

2. **决定**。适用于对重要事项作出决策和部署、奖惩有关单位和人员、变更或者撤销下级机关不适当的决定事项。

3. **命令（令）**。适用于公布行政法规和规章、宣布施行重大强制性措施、批准授予和晋升衔级、嘉奖有关单位和人员。

4. **公报**。适用于公布重要决定或者重大事项。

5. **公告**。适用于向国内外宣布重要事项或者法定事项。

6. **通告**。适用于在一定范围内公布应当遵守或者周知的事项。

7. **意见**。适用于对重要问题提出见解和处理办法。

8. **通知**。适用于发布、传达要求下级机关执行和有关单位周知或者执行的事项，批转、转发公文。

9. **通报**。适用于表彰先进、批评错误、传达重要精神和告知重要情况。

10. **报告**。适用于向上级机关汇报工作、反映情况，回复上级机关的询问。

强制 ►

11. **请示**。适用于向上级机关请求指示、批准。

12. **批复**。适用于答复下级机关请示事项。

13. **议案**。适用于各级人民政府按照法律程序向同级人民代表大会或者人民代表大会常务委员会提请审议事项。

14. **函**。适用于不相隶属机关之间商洽工作、询问和答复问题、请求批准和答复审批事项。

15. **纪要**。适用于记载会议主要情况和议定事项。

所以，怎么区分这些文种？
单独看，怎么都很难看明白、很难区分，
需要在对比中加以区分，需要举例子。

第一组：请示与报告

（时间）**请示**，事前行文；**报告**，可以事前、事中、事后。
（程序）**请示**，必须批复；**报告**，不存在批复（回复）一说。

（内容）**请示**，一文一事；**报告**，可以一文多事。
（职权）**请示**，职权以外；**报告**，没有范围。
（格式）**请示**，有结尾语；**报告**，可以没有结尾语。

在老万的工作中，经常碰到的问题，
主要不是把报告与请示搞混，
而是有些单位把请示与专报搞混，
专报只是信息简报的一种，不是公文，
专报只能提建议，不能让领导回复。
即在专报中夹带请示事项是不行的。
具体请参阅老万第一本书的有关章节：
《专报不能夹带请示事项》

第二组：通告与公告

（范围）**通告**，有限范围；**公告**，没有边界。

在这里，我们必须把公告的"告"字，
理解为我国古代"昭告天下"的"告"。

 行文

 专报

第三组：通知与通告

（范围）**通告**，侧重对外；**通知**，侧重对内。
（保密）**通告**，不带密级；**通知**，可带密级。

第四组：通知与意见

（权威）**意见**，原则要求；**通知**，刚性要求。

共同点是，两者都可用于部署、安排工作。
从理论上讲，意见是上级的原则要求，
下级可以根据情况灵活掌握，有回旋余地；
通知是刚性要求，不能变通。
当然，这也仅仅是从理论上可以这样看，
以老万的实际感受，意见也很刚性！

第五组：决定与决议

（形式）**决议**，大会作出；**决定**，小会、例会作出。

刚性

第六组：决定与命令

（褒贬）**命令**，只能褒扬；**决定**，可褒可贬。
（层次）**命令**，高层褒扬；**决定**，各层褒扬。

命令只能是较高层级机关作出，
决定可以是各级机关作出。

这是文字游戏吗？通告、公告、通报、公报……让新公务员傻傻分不清。

如果让我修订《条例》，我会把公文压缩到10种以内。

褒扬

第 21 章
公文格式中隐藏的逻辑

公文的八股文风气，由来已久，
这一现象，被人们用各种词汇描述，
其中有个词特别形象，"穿靴戴帽"，
我理解，它是专门针对公文的结构而言的：

公文格式的结构：文头 + 文中 + 文尾

文头（版头）：红线及以上
文中（主体）：红线以下，黑线以上
文尾（版记）：黑线及以下

老万把文头看成帽子、文尾看成靴子，
公文的格式规范，主要隐藏在帽子和靴子里，
文中体现实体；文头和文尾体现程序。

老万在此特别说明一下，

 帽子

凡是条例和格式教科书上有的，
本书就尽可能简洁一点，图片也不配了，
你能查到，我就不增加本书的篇幅了，
我把更多篇幅用于讲解为什么这样规定。
关于公文格式的教科书，是国家标准，
由国家质量监督检验检疫总局、
国家标准化管理委员会两个单位发布，
标准代码：GB／T 9704－2012，
标准与条例同样是 2012 年 7 月 1 日施行。

关于格式，有几个知识点必须记住。

文头部分，最左上角，最多有 3 要素：
份号，密级，紧急程度。
最重要的是，密级在紧急程度之上，
这就说明，再急，也不能忽视保密规定。
假如领导让你送一份文件到同城的另一机关，
领导只交代必须马上送达，但没有交待怎么去，
你要多个心眼，看看是不是保密文件，

 保密

如果是保密文件，必须经过保密的渠道送。
机要通信的通道，显然不能满足时效性要求，
这时必须单位派公务用车跑一趟，
你带着文件、公务车带着你，人肉护送。
车队说，哎呀！很抱歉，现在没车。
怎么办？乘公交？出租车？私车公用？
都不行，都不符合保密要求。
你必须把没有公务车的情况告诉领导，
你不能自作主张，你扛不起违反保密法的责任。
在机关工作，自己要注意保护自己。

再下来一点的位置是，**发文机关标志**：
发文机关全称或规范简称 ＋ **"文件"**。
联合行文的，可以并用几个主体名称，
也可单用主办机关名称。

说到规范的简称，老万有强烈的吐槽欲望，
我们的部门名称，有几个现象：
一是多变，除了财政局外，都在频繁变化，

而且，每轮机构改革大多要变。
二是冗长，凡是部门合并，名称必然变长，
每个部门都想对新名称有所贡献，
否则就会被认为是吞并了、消失了。
农委难道不比农业农村委的外延更大吗？
又比如，住房和城乡建设委员会，
好像是包含关系，城乡建设难道不包括住房？
举个反例，卫生和健康委员会，
按此思路，可能太简洁了，应该改成：
医疗和公共卫生和促进健康委员会。
其实，字数越多、外延越小。
我在想，名称多年不变的财政局，
什么时候会不会变成公共财政局？
三是舍不得简化。每次机构改革，
会有一张清单，列出部门全称和规范简称，
有的部门，简称只"简"了一个字，
真是惜字如金啊！
为什么要吐槽机关名称太长？

吐槽

简称

因为这是一种无形的浪费，浪费篇幅，
浪费纸张，浪费念报告的时间。

当然，这一点也体现了法人以我为主的性格。
在通常的语境里，尊重对方就用全称，
为了图省事，或者蔑视对方就用简称，
有时，自始至终只用简称，为什么？
因为我方压根就不承认对方的合法性。

公文标题：发文机关名称 + 事由 + 文种

联合行文中的上行文，需要写签发人，
请注意！每个单位的负责人都要签，
可以理解为，负责任的事，大家一起扛，
也可以理解为，亮相的机会谁都不愿意放过。

主送单位，是指公文的主要受理机关，
应当使用机关全称、规范化简称，
或同类型机关的统称。

合法性

这里有个知识点；同类型机关统称。
比如：各省区市，就是同类型的机关统称，
他们都是正部级的机关，都是中央的直接下级，
又比如，市政府组成部门，也是统称。
一般不能用**各级人民政府**。
这样写，你文件到底是给哪级政府？
文中可以这样号召，但主送单位不能这样写。

在我们大一统的体制中，容易有个错觉，
觉得省可以管市，也可以管县、管乡镇街道，
但是按照组织法，应该是一级管一级的，
因为各地情况差异很大，
难以一个文件放之四海而皆准。
简便的记忆方法是，同类型机关的统称，
就是指级别相同的机关的统称，
级别不同的机关，不能放在主送单位里。

请注意附件说明的位置：
落款之上，正文之下，下空一行，左空两格，

主送

附件名称不加书名号，末尾不加句号。

附件与正文同等效力！

如有附注，它的位置：

成文日期之下，左空两格，用括号，

但括号内不出现"附注"二字。

文尾（也叫版记）

必须有：印发机关，印发日期。

可能有：抄送机关。

请注意：成文日期与落款在一起，属于文中的一部分；

印发日期与印制单位在一起，属于文尾。

题外话：有的文件还有生效日期。

考点：公文的结尾语后面要用句号。

潜台词：不能用感叹号，

不能用问号，也不能没有标点符号。

本章涉及部门名称的分析，

老万经历的一件事，印象特别深刻。

 附件

某省十多年前有一次大规模乡镇区划调整，

当时觉得乡镇面积普遍偏小，需要合并，

合并的初衷是节约行政资源。这不是重点，

重点是合并后的镇的名称怎么确定。

某县有个书院镇，与邻近镇合并，

邻近的好像是胜利镇、光明镇、解放镇之类，

与书院镇相比，这3个名称没什么特色，

按说，合并后的镇的名称应该叫书院镇。

可是，事情并没有那么简单，行政区划的调整，

通常是与人事调整一并研究的，

据说，当时书院镇的一把手比较弱，

书院镇的各项工作也不如邻近镇，

邻近镇的一把手将担任合并后的镇的一把手，

所以，合并后的镇就用邻近镇的名称。

该方案在副省长召开的协调会上被否定了！

副省长不是否定一把手配备，这个不归他管，

他否定的是合并后的镇的名称，

他问在座的民政厅、农业厅和该县领导：

 区划

· 156 ·

你们为什么不用书院镇的名称?
县领导说, 因为邻近镇领导当一把手,
我们尊重邻近镇领导对名称的意见。
副省长半开玩笑问各位:
咱们党的干部怎么还讲这些?
邻近镇是他这位镇一把手的私人王国?
一个镇的名称还搞世袭制吗?
你们不觉得保留书院镇的名称更合适,
更能体现当地的历史文化传承,
更有利于将来发展旅游业吗?

这个故事之所以老万印象特别深,
因为我当时想了另一个问题,
我联想到省政府的领导会议特别多,
真的是文山会海! 从早忙到晚。
关于这个问题, 可以参阅本书序言1,
那一章的内容是非常写实的, 可是!
从很多网友的留言看,
他们认为是夸张的、不真实的,

世袭

老万这个苦、这个委屈向谁去诉说?

文山暂且不说, 副省长真的会议太多了!
且不说乡镇级行政区划变更本来就归省里管,
副省长开这个专题会是完全必要的,
他先研究, 为提交省政府常务会议决策打基础,
他不开这个会, 可能属于履职不到位;
现在假定, 法规明确乡镇行政区划归市里管,
副省长多管闲事, 非要长臂管辖,
非要把民政厅、农业厅、县领导召集来听汇报,
并且还对镇的名称发指令。你怎么看?

要知道, 很多工作, 从职责权限来说并不清晰,
究竟该由哪级机关决策, 存在模糊性,
大多数三定方案、"权力清单"难以穷尽,
现实中, 有的上级领导习惯于操心劳碌,
而有的下级又习惯于"让渡"职权,
自己职权的事, 非要向上级汇报、让上级拿主意,
这算不算"媚上"、算不算"雅贿"?

三定

反正这是造成"会海"的原因之一。

那么，大家怎么看这个现象？
以老万长期旁听会议的印象，客观说：
多数情况下，上级的意见比较符合规律，
上级领导不但经常发现方向性的"高级错误"，
还能发现细节问题、低级错误。
就平均数来说，高层级的领导代表了高水平，
他们也是从下级领导一路做过来的，
以他们的实践经验、他们的眼界和视野，
向下延伸一两级，研究更加基层的事情，
虽然有时会有不了解情况、不接地气的缺陷，
但有时又呈现一种降维打击的游刃有余。

简单肯定或否定机关某些现象，未免失之轻率，辩证看问题比较牢靠。

长臂管辖也好、让渡职权也罢，
有时可能有利于把工作做得更好。
当然，我并不提倡长臂管辖，
越俎代庖有时暗藏寻租的动机。

第 22 章
繁文缛节的行文规则

这一章分析行文规则，全是程序性的规定。

行文规则的核心是隶属关系和职权范围。
多数情况下，一个机关的行文有三个方向：
向上级、下级、不相隶属的机关行文，
分别对应上行文、下行文、平行文。

一、越级行文的规则

特别需要强调的是，无论向上级还是下级，
都是指直接的上级或下级。
一般不得越级行文，特殊情况需要越级行文的，
应当同时抄送被越过的机关。

条例原文：第十四条　行文关系根据隶属关系和职权范围确定。一般不得越级行文，特殊情

 抄送

况需要越级行文的，应当同时抄送被越过的机关。

举个例了，国务院发文件一般只发到省区市政府，
不会发到市县政府，更不会发到乡镇政府。
在我们的语境中，总是逐级行文，层层节制，
从上往下，讲求示范引领，一级做给一级看，
从下往上，一级学一级的样。
同理，乡镇制发一份公文，
它只能是送县政府，向县里汇报工作或讨主意，
它不能直接向市里、省里汇报或请示，
这样的公文，发到省里也会被退回来。

儒家文化中"越级""被越过"都很严重，
古装影视剧中经常出现"僭越"这个词，
僭越行为是非常破坏规矩的，大逆不道的。
向上越级表示非常不守本分，有野心！
"被越过"的中层意味着被架空了。

条例提到的"特殊情况"，老万没遇到过，

 僭越

也许老万机关工龄短，才二十多年。

想象中，除了战争、重大自然灾害之外，

其他想不出什么值得越级发文的情况。

但愿本文的读者谁都不要遇到越级发文的情况。

老万想，"应当同时抄送被越过的机关"，

这种要求，有没有现实可行性？为什么要越过？

如果是因为时间紧急，比如处在救灾状态，

可能也来不及抄送被越过的机关，

既然来得及抄送，又何必越过？越过有何意义？

如果是因为信任危机，比如，

发现某个层级机关不值得信任了，需要越过它，

那么又何必抄送给它呢？不怕它泄密？

这条规定到底是什么用意，不得而知，

这条规定也不是考试要点。

二、上行文的规则

条例中关于上行文有 6 条规则：

信任

条例原文：第十五条 （一）原则上主送一个上级机关，根据需要同时抄送相关上级机关和同级机关，不抄送下级机关。

关于这条规则，只需要记住两点：

第一点，上行文只送一个上级机关。

比如，乡政府送报告或请示，只能送县政府。

乡政府只有一个上级机关，但有的机关不是，

比如，县市场监管局，它有两个上级机关，

一个是县政府，一个是市市场监管局。

所以，上面的表述中有个限定词"原则上"，

说明还有例外的情况，下面马上会讲到。

第二点，送上级机关的文，不抄送下级机关。

为什么？老万查过很多书，没找到理由，

查不到，老万自己编了个理由：面子问题。

比如，县政府向市政府请示批某个项目，

这个文如果抄送给下级机关——各乡镇政府，

例外

以及县政府的各个委、办、局，
如果批项目的请求被市政府驳回了，
那么，县里干部都知道了这回事，会怎么想？
我早就说过，咱们的县政府真没谱！
这种不切实际的项目怎么想得出来的？
市政府怎么会批这种项目？脚后跟也能想到的。
这样一来，县政府是不是很跌份？

条例原文：第十五条 （六）受双重领导的机关向一个上级机关行文，必要时抄送另一个上级机关。

请注意"必要时"三个字，也就是说，
没必要就不抄送，有必要才抄送，
这样的规则，隐含了避免一仆二主的尴尬。

如县市场监管局有个事要请上级定夺，
像这种职能部门，都有两个上级，
一个是县政府，另一个是市市场监管局。

那么，县局要向谁讨主意呢？要看内容而定，
如果是涉及管理执法的"技术"问题，
那么应该主送市局，业务上归市局领导。
如果这是一个比较专业冷僻的问题，
不会对面上工作造成大的变化，不会引发舆情，
那么，可以不必抄送县政府。
如果是关于县局请求扩大办公用房问题，
那么，应该县里解决，文件主送县政府，
要不要抄送市局？也未必。
从必要性来看，业务问题都是垂直领导或指导，
因为上位法是市局、省厅、总局制定的，
业务口径当然是归条线的上级部门解释和指导。
如果再让地方政府插一嘴，到底听谁的？
反过来也一样，办公用房问题，
市局也帮不上忙，文件抄送给它也白搭。

好了，以上都是理论上的分析，
考试的时候照这样答题肯定没错。
下面要告诉大家的是，在大多数机关，

一仆二主

垂直

只要是双重领导的，都要抄送的。

类似这样与条例不一致的，下面还有。

> 礼多人不怪。

条例原文：第十五条（三）下级机关的请示事项，如需以本机关名义向上级机关请示，应当提出倾向性意见后上报，不得原文转报上级机关。

这条规则比较拗口，里面出现了 3 个主体：

下级机关，本机关，上级机关。

如县局有个专业问题把握不准，请示市局，

市局一看，我也把握不准，从没遇见过啊！

怎么办？直接把这份请示转给省厅吗？

当然不行！市局必须重新办文，

把自己的倾向性意见写进去，请示省厅。

这条规则蕴含的行政伦理是：

不简单上交矛盾，是机关起码的责任担当。

条例原文：第十五条（四）不得在报告等非请示性公文中夹带请示事项。

 倾向性

在所有与公文条例有关的考试中，

这个问题都是重要考点，必须记住！

请示事项，只能写在请示公文中，

其他任何种类的文件都不能写，

换句话说，让上级机关拿主意的事，

只能写在请示公文中，其他材料都不行。

顺便提个题外话，简报专报更不行。

老万的第一本书对此有精彩分析，

写了好几个章节，很专业，本书不再赘述。

条例原文：第十五条（五）除上级机关负责人直接交办事项外，不得以本机关名义向上级机关负责人报送公文，不得以本机关负责人名义向上级机关报送公文。

这句话的意思是：给上级机关的公文，

抬头和落款都不能出现个人。

换句话说，不是给上级机关的公文，

 抬头

比如命令的落款可以出现个人。

这条规则强调了公文的属性，

强化了公权力与私人关系的界限，

公文姓公，尽量避免公私不分。

出现个人名字的，就不是公文，

属于向领导"递条子"、打"小报告"。

这条规则的干扰项来自影视剧，

大量影视剧中的电报都是写给个人的，

1948 年前后，延安发往东北的电报抬头：

林、罗、刘，并陈、高、彭诸同志。

落款是："毛、刘、周、朱"的全部或一部分。

这些电报商量的全是公家的事，

但都以个人（或多个个人）的名义发和收。

博物馆陈列的当年电文都是这样的。

老万不能解释现在为什么与当年不同，

其实也不必深究为什么变化，

只需要记住现在公文的抬头不能这样写。

小报告

这条规则有个例外情况：

"除上级机关负责人直接交办事项外"，

在我工作经历中，还没遇到例外情况，

所以老万也无法举出例子。

放心，这个例外情况不是考点。

条例原文：第十五条 （二）党委、政府的部门向上级主管部门请示、报告重大事项，应当经本级党委、政府同意或授权；属于部门职权范围内的事项应当直接报送上级主管部门。

这里提到的"党委、政府的部门"是指，

党委的组织部、宣传部等等，

政府的发改委、财政局、市场监管局等等。

比如，县发改委向市发改委送请示或报告，

要不要经过县政府同意？要看什么事，

属于重大事项，要经县政府同意或授权，

属于部门职权范围的事项，不用授权。

怎么判断是不是职权范围的事？看三定方案。

授权

这条规则主要是维护条块的关系平衡。

条是指国家部委、省厅、市局这一垂直系统，

块是指地方政府，比如省、市、县、乡镇。

条与块纵横交错，形成矩阵管理的格局，

属于相互制衡、相互监督的关系。

当然，主流是合作，条块要形成合力。

三、下行文的规则

条例原文：第十六条（一）主送受理机关，根据需要抄送相关机关。重要行文应当同时抄送发文机关的直接上级机关。

这条规则比较拗口，出现了 4 个主体：

受理机关、相关机关、发文机关、直接上级机关。

由于这句话的大前提是下行文，所以，

受理机关，必然是指发文机关的下级机关；

相关机关，指与这项工作有关系的机关，

这里没有限制级别，可以是上级、平级、下级；

直接上级机关，是指自己的顶头上司。

比如，区政府关于社区建设工作的发文，

向街道乡镇布置重大改革创新举措。

这个文件的行文规则需要注意几点：

一是主送受理机关当然是街道乡镇，

也包括与这项工作相关的区民政局、区社保局；

二是抄送相关机关，如市民政局、市社保局，

也许还有市深改组、市社科院；

三是区政府的直接上级——市政府。

为什么向街道乡镇布置工作要抄送市政府？

这就像父母管教子女，有时要看爷爷奶奶的脸色。

条例原文：第十六条（五）上级机关向受双重领导的下级机关行文，必要时抄送该下级机关的另一个上级机关。

比如，区政府向区市场监管局行文，

必要时，要抄送区局的上级机关——市局。

受双重领导的机关，就像父母双全的孩子，

父母中一方想打孩子，要看另一方眼色，

否则，打孩子可能演变成夫妻对打。

条例原文：第十六条（四）涉及多个部门
职权范围内的事务，部门之间未协商一致的，不
得向下行文；擅自行文的，上级机关应当责令其
纠正或者撤销。

社区建设工作，涉及民政、社保等部门，

现在上级提出了新要求，区里要贯彻落实，

区民政局、区社保局等几个部门准备联合发文，

这就需要部门之间商量好了才能发。

如果牵头承办的是区民政局，它特别着急，

没商量好，就以几个部门的名义发文了，

而且区社保局等部门强烈反对，那么，

上级机关应当责令其纠正或撤销，

这个上级机关可以是区政府，也可以是市民政局。

现实中发生这种事的概率非常低。

条例原文：第十六条（三）党委、政府的
部门在各自职权范围内可以向下级党委、政府的
相关部门行文。

比如，市发改委可以向区发改委行文，

如果属于市发改委职权范围的事项，

可以直接发文，不必请示市政府；

如果超出职权范围，要经市政府同意才行。

条例原文：第十六条（二）……需经政府
审批的具体事项，经政府同意后可以由政府职能
部门行文，文中须注明已经政府同意。

比如，某县加强社区建设工作，需要发文，

内容涉及增加居委会、村委会的工作经费，

以及给居村工作人员增加报酬等事项。

按常规，社区建设的主管部门是民政局，

涉及社区建设的文件大多由民政局向乡镇发文。

但是，这次的内容比较硬核，涉及钱的事，

纠正

同意

而且是普遍加钱，既加工作经费，也加工资，
像这样需要动用大量财政资金的事，
一般要先经过县政府常务会议审议通过，
有时甚至要县委常委会审议决策。
假如是县政府决策，那么应该县政府发文，
有时为了压缩县政府的发文数量，
可能由县府办或县民政局发文，
无论府办或民政局发文，都要加句话：
已经县人民政府同意。

四、办公厅（室）的特殊性

办公厅（室）有条和块的两种：
块的办公室，比如市政府办公室，
条的办公室，比如财政局办公室。
条和块的办公室，发文权限是有区别的。

条例原文：第十六条 （二）党委、政府的
办公厅（室）根据本级党委、政府授权，可以向

◀) 审议 ▸

下级党委、政府行文，其他部门和单位不得向下
级党委、政府发布指令性公文或者在公文中向下
级党委、政府提出指令性要求……

如县政府办公室，可以向乡镇政府行文，
前提是，必须得到县政府的授权；
而县财政局就不能向乡镇政府发布指令公文，
它只能向乡镇的财政办（股）发指令公文。

条例原文：第十七条 ……部门内设机构除
办公厅（室）外不得对外正式行文。

各部门的办公厅（室），在行文权限上，
与其他科室相比，有本质区别：
比如，为了加强节日期间市场秩序，要发通知，
这个通知既是发给下属各市场监管所的，
布置各所都行动起来，分头落实相关措施，
也同时向社会公开，让公众共同参与监督。
这样的通知，一般就由局办公室发。

◀) 指令性 ▸

而局里的后勤科，就不能代表局里发这个文，
后勤科只能发本局公租房分配之类的文件。

公文的程序不要那么复杂好吗？

没办法啦，这不都是为了考试嘛。

像我这样的新公务员真担心自己应付不过来。

放心吧，许多公务员一辈子既没写过、也没经办过 5 种以上公文。

◂)) 经办 ▸　　　　😊 ＋

第 23 章
公文条例考试总复习 100 题

分析了大量范文之后，从实践回到理论，
回到《条例》本身，加深理解。
同时，也为某些特定读者提供考前总复习。
老万所在地区，至少有两种对象需要：
一是安置到党政机关的军转干部，
上岗前必须参加统一培训考试，每年都有。
二是新录用公务员上岗前培训考试，也是每年都有。
这两种对象每年各有好几千人呢，
外省市不知道什么情况，反正，
本章就是专为需要考试的读者提供。

以下题目按照《条例》中相关内容排序。

第一章　总则

1. 条例的作用是为了推进公文处理工作的科学

◂)) 总则 ▸　　　　 😊 ＋

化、制度化、规范化、多样化。（×）

提示：多样化，是干扰项。

多样化与书同文、车同轨背道而驰，

试想，各地的公文，品种百花齐放，

在格式上五花八门、各式各样，

这肯定不能准确上传下达，处理公务，

制定条例的目的之一，就是反对多样化。

条例原文：*第一条 为了适应……工作需要，推进党政机关公文处理工作科学化、制度化、规范化，制定本条例。*

2. 党政机关公文的作用是实施领导、履行职能、处理公务、宣传鼓劲。（×）

提示：宣传鼓劲，是干扰项。

类似的干扰项还有：统一思想、扩大共识、

增强凝聚力、促进团结、提高效率等。

怎么识别干扰项？可以这样理解：

任何法律法规条例的作用，都具有客观性，

而以上干扰项词汇都具有主观性，所以是错的，

或者理解为，实施领导已经包含这些意思了。

条例原文：*第三条 党政机关公文是党政机关实施领导、履行职能、处理公务的……重要工具。*

3. 公文处理应当坚持的原则包括：（ABDE）。

A. 实事求是。B. 准确规范。C. 灵活多变。

D. 精简高效。E. 安全保密。

提示：公文的最大特点是刚性。

凡是有弹性的表述，都不对。

条例原文：*第五条 公文处理工作应当坚持实事求是、准确规范、精简高效、安全保密的原则。*

4. 各级机关办公厅（室）的公文处理工作，接受上级机关办公厅（室）的领导和督查。（×）

这道题主要考察领导与指导的区别。

办公厅（室）的主要功能是，

多样化 ▶ 😊 +

领导 ▶ 😊 +

辅助本级机关各位领导处理日常工作，

领导它的，是它所服务的对象，

即县政府办公室接受县政府领导，

市政府办公室对它是指导、不是领导。

条例原文：第七条 各级党政机关办公厅（室）……对下级机关的公文处理工作进行业务指导和督促检查。

小结：以上几题，似乎印证这样一个规律：

条例具有标准化的固定性、而不是灵活性，

具有标准化的客观性，而不是主观性；

具有标准化的刚性，而不是弹性。

这是涉及条例考题的通用法则。

第二章　公文种类

5.《党政机关公文处理工作条例》的 15 种公文分别是：请示、报告、意见、函、通知、纪要、

议案、命令（令）、决定、公告、通告、通报、批复、决议、公报。（√）

常见的干扰项包括但不限于：

计划、总结、方案、简报、调研报告等，

这些都不是公文的种类，

但如果成为公文的附件，比如：

《关于印发明年工作计划的通知》，

那么，该计划属于通知这份公文的附件，

具有与这份通知同等的效力。

6. 党政机关公文按行文（传递）方向分为上行文、下行文、平行文，其中上行文包括请示、报告 2 种。（×）

这道题的正确答案是：

上行文包括请示、报告、意见 3 种，

只不过意见实际上基本不用。

这道题似乎暗示新公务员：

给上级提意见，仅仅理论上可行。

 指导

 暗示

7. 发布会议讨论通过的重大决策事项，比较合适的公文文种是？（B）

A. 函。B. 决议。C. 决定。D. 纪要。

看到**讨论**，果断选带"言"字旁的决议。

15种公文名称，带"言"字旁的仅2种，

另外一个是议案，与这道题无关。

条例原文：第八条（一）决议。适用于会议讨论通过的重大决策事项。

8. 用以变更或撤销下级机关不适当决定事项的是哪一文种？（A）

A. 决定。B. 意见。C. 公报。D. 命令（令）。

决定撤决定，原汤化原食。

没听说过原汤化原食这句俗语?

那你一定是汤圆地区的同学，

虚心向饺子面条区的请教吧。

条例原文：第八条（二）决定。适用于……变更或者撤销下级机关不适当的决定事项。

9. 决定可以用来奖励或惩罚有关单位和人员，命令可以用来公布行政法规和规章、宣布施行重大强制性措施，批准晋升衔级、嘉奖有关单位和人员，但命令（令）不能用来惩罚有关单位和人员。（√）

凡命令，无坏事。

如果把戒严令视为（保护弱者）中性，

那么可以认为，凡是出现命令这种公文，

就没有发生不好的事。

条例原文：第八条（三）命令（令）。适用于公布行政法规和规章、宣布施行重大强制性措施、批准授予和晋升衔级、嘉奖有关单位和人员。

10. 用命令褒扬有关单位和人员的，比用决定褒扬的层次更高。（√）

你从广播电视听到签署命令这一说，

大多都是"海"里大领导签发的；

乡镇长签命令没怎么没听到吧。

参阅本书第16章关于**令**的说法。

11. 向国内外宣布重要事项或者法定事项，应该用（C）。

A. 通报。B. 通告。C. 公告。D. 决议。

只要看到**国内外**，毫不犹豫选公告！
我国古代没有国内外的概念，
只有天下概念，除了天朝都是藩属国。
公告这两个字的来源可以理解为：
天下为公的**公**、昭告天下的**告**。

条例原文：第八条（五）公告。适用于向国内外宣布重要事项或者法定事项。

12. 在一定范围内公布应当遵守或者周知的事项，应当选择（C）。

A. 命令。B. 通知。C. 通告。D. 意见。

只要看到**一定范围**，毫不犹豫选通告。

条例原文：第八条（六）通告。适用于在一定范围内公布应当遵守或者周知的事项。

13. 机关一般的人事任免，应当使用（A）。

A. 通知。B. 意见。C. 决定。D. 公报。

稍不注意会选决定。其实，
干部调整名单早就决定了，
现在只是将既成事实通知你而已。
如果细心一点的话，你会发现，
很多任命文件有这样一句话：
任职时间从某月某日算起。
意思是，决策程序发生在这一天。
请注意，通知主要用于常规的人事任免，
特别紧急、重要的人事任免另说。

条例原文：第八条（八）通知。适用于发布……周知或者执行的事项……

14. 机关需要对先进单位和个人进行表彰，应

当选择哪个文种？（C）

A. 公告。B. 通告。C. 通报。D. 决议。

通报表扬、**通报批评**是口语高频词汇，

这一点，《条例》采信了口语。

条例原文：第八条（九）通报。适用于表彰先进、批评错误、传达重要精神和告知重要情况。

15. 向上级机关请求批准事项用报告。（×）

报告不能向上级机关提要求，

也不能让上级机关拿主意，

上级机关收到报告不必回复。

条例原文：第八条（十）报告。适用于向上级机关汇报工作、反映情况，回复上级机关的询问。

16. 对于报告，上级有时候会批复，有时候可能不批复，要看文件内容而定。（×）

批复只针对请示而言，

报告从来不存在批复一说。

条例原文：第八条（十二）批复。适用于答复下级机关请示事项。

17. 对于报告，领导可能会有批示，上级把批示复印送来文机关，这属于批复的一种特殊形式。（×）

批示，是指在原文件上写字的动作和内容；

批复，是针对请示的另一份文件的名称。

批复不存在什么特殊形式。

18. 以下哪一项不适用于在不同层面上公布重大或重要事项？（C）

A. 公告。B. 公报。C. 意见。D. 通告。

凡是带**公**字、**告**字的文种，

都是面向公众的文种，

意味着不同层面的受众同时知晓，

选项 A、B、D 可以很容易排除。

提意见总是让对方难堪，

一般私下进行，咬个耳朵啥的。

提意见怎么能大张旗鼓？

还让不同层面的人都知道，

人家不要面子的啊？

19. 某省政府根据本省大多数股民的意愿，向全国人大提出纠正中国股市功能定位、加强股市监管的议案。（×）

本题有两个知识点：

（1）政府文件种类有议案，党委没有。

政府有，而党委没有的情况，

整个《条例》仅此一例。

（2）议案只能送同级人大或常委会。

省政府是省人大选举产生的，

与全国人大及其常委会没直接关系。

条例原文：第八条（十三）议案。适用于

监管

各级人民政府……向同级人民代表大会或……常务委员会提请审议事项。

20. 函既可以用于协商某些事项，也可以用作请求对方审批事项。（√）

这道题出现了请求和审批字眼，

容易想到请示这个干扰项。

现实中，函的主要作用是求帮忙、

求审批、求项目、求调动人员。

要不是有事求到你头上，

谁吃饱了撑的给你写信玩。

条例原文：第八条（十四）函。适用于不相隶属机关之间商洽工作、询问和答复问题、请求批准和答复审批事项。

21. 函这种公文，按传递方向属于平行文，所以函是平级机关之间的公文。（×）

正解：函适用于不相隶属机关。

审议

也许你地位比我高，但你管不了我，

也许我地位比你高，但也管不了你，

既不算上级、也不算下级，所以才写信。

22. 庆丰镇政府向县发改委行文，请求批准某一重大项目立项，应当使用（ A ）。

A. 函。B. 报告。C. 通知。D. 请示。

这道题的干扰因素是单位实力问题，

有的机关尽管强势，但级别未必就高。

发改委代表县政府掌握项目审批权，

一般认为发改委比镇政府强势，

实际可能是这样，但理论上不是。

县政府作为一个整体，是镇政府上级；

构成县政府的某一个组成部门，

就不是镇政府的上级了。

不是上级就不能用请示，只能用函。

第三章　公文格式

23. 党政机关公文第一页上方三分之一位置有

一条红线，其中，党的机关的文件，红线中间有个实心的五角星。（ √ ）

现行的公文《条例》和《格式》中，

都没有关于五角星的要求。

新条例没有提到的，应该遵从原规定，

而原来，党的文件有五角星，政府没有，

所以，党的文件继续沿用有五角星的格式，

政府的文件原来就没有，现在也不需要。

24. 下面哪一项不属于公文或公文组成部分?（E ）
A. 命令。B. 通知。C. 主送机关。
D. 意见。E. 主题词。

主题词（索引词）原来是有的，

原来文秘经常为了确定主题词而争论，

现在没有了。为什么取消？

因为计算机普及了，查文件很方便。

条例原文：第九条 公文一般由份号、密级和保密期限、紧急程度、发文机关标志、发文字

实力

五角星

号、签发人、标题、主送机关、正文、附件说明、发文机关署名、成文日期、印章、附注、附件、抄送机关、印发机关和印发日期、页码等组成。

25. 公文附件与正文一样具有同等效力，是正文内容的组成部分，需要与正文一起装订。（√）

附件虽然从版记的下一页开始，
但它仍然是公文正文的组成部分。
亲不亲、看基因，距离不是问题。

条例原文：第九条 公文一般由……附件……等组成。

26. 党政机关公文都有份号。（×）

理由：不涉密公文不必标注份号。

条例原文：第九条（一）份号。公文印制份数的顺序号。涉密公文应当标注份号。

27. 党政机关公文份号标在左上角第一行。（√）

任何表格都是"序号"打头。

28. 党政机关公文如果涉密，都要标注保密期限。（×）

理由：保密期限并非必须标注的，
如果标注，按标注期限执行；
如果没标注，则按以下期限执行：
秘密 10 年、机密 20 年、绝密 30 年。
比较好记，是个等差数列。

条例原文：第九条（二）密级和保密期限……涉密公文应当根据涉密程度分别标注"绝密""机密""秘密"和保密期限。

29. 公文的紧急程度是指送达和办理的时限，紧急公文分为"特级""加急"2 档，电报分为"特提""特级""加急""平急"4 档。（√）

注意：（1）没有标注紧急程度的公文，
称为非紧急公文；不存在"平急公文"，
只有电报才有"平急"一说。
（2）电报不存在"非紧急电报"一说，
不紧急干吗发电报？邮寄就行了。

条例原文：第九条（三）紧急程度。公文送达和办理的时限要求。根据紧急程度，紧急公文应当分别标注"特急""加急"，电报应当分别标注"特提""特急""加急""平急"。

30. 既有紧急程度又有密级的文件，紧急程度应该标注在密级上方。（×）

正确答案：密级在上、紧急在下。
再急也不能忽视保密规范，
因为着急而泄密，谁也保不了你。
机关工作首先要懂得保护自己。

31. 发文机关标志由机关名称加"文件"两字

组成，其中，"文件"两字不能省略。（×）

正确答案："文件"2字可以省略。

条例原文：第九条（四）发文机关标志。由发文机关全称或者规范化简称加"文件"二字组成，也可以使用发文机关全称或者规范化简称。

32. 多部门联合发文的，各部门的名称都得出现在发文机关标志中，不能只用主办机关名称。（×）

正确答案：非主办机关名称可以省略。

条例原文：第九条（四）发文机关标志……联合行文时，发文机关标志可以并用联合发文机关名称，也可以单独用主办机关名称。

33. 以下哪个发文字号是正确的？（ C ）
A. 沪府发（13）第001。
B. 沪委发（2013）第1号。
C. 中办发〔2013〕1号。

D. 中办发［2013］第 001。

　　涉及发文字号的知识点共 4 个：

　　　　（1）数字前没有第字。

　　　　（2）数字前不编虚位 0。

　　　　（3）数字后有个号字不能省。

　　　　（4）不用方括号、不用圆括号，

　　　　只用不方不圆的六角括号。

　　　　儒家讲中庸，太方太圆都不行。

　　　　条例原文：第九条（五）发文字号。由发文机关代字、年份、发文顺序号组成……

34. 联合发文时，凡是参与的部门都应当在发文字号中有所体现。（×）

　　提示：每份文件都只有一个发文字号，多部门联合行文的，用主办机关的发文字号。

　　怎么区分谁是主办机关？两种情况：

　　一是指定主办，即领导明确的牵头机关，在这项工作中居于主导地位的部门。

二是"法定"主办，法律地位上它是主办。

　　如县委、县府联合发文，县委是主办，县委办、县府办联合发文，县委办是主办。

　　　　条例原文：第九条（五）发文字号……联合行文时，使用主办机关的发文字号。

35. 以下哪个发文字号是正确的？（D）

A.［2019］某某发 3 号。

B. 某某发［2019］第 3 号。

C. 某某［2019］3 号。

D. 某某发［2019］3 号。

　　　　根据公文印发范围不同，有的是小批量发文，有的是普遍发文，小批量发文的发文字号没有发字。

　　　　这是某个学员问万老师的问题，他问选项 C 为什么不对。这道题并没有说明发文的范围，老万觉得这题出得不严密。

36. 按照条例规定，什么样的行文必须在文头注明签发人？（ D ）

A. 下行文。B. 上行文或者下行文。
C. 平行文。D. 上行文。

理由：只有上行文需要注明签发人，

下行文、平行文不需要。

上行文为什么要注明签发人？

据传是周恩来总理 50 年代定的。

条例原文：第九条（六）签发人。上行文应当标注签发人姓名。

37. 多部门联合向上级机关行文，几个部门的签发人都要标注。（√）

机关的事，既不能怕麻烦，

也没什么好客气的。

刷存在感的机会岂能放过！

38. 上行文的标题应当三要素齐全，即发文机关标志＋事由＋文种，不能省略，以示对上级机关的尊重。（√）

简称的作用是避免阅读累赘、避免篇幅过长，

但是，简称有时候是为了表达蔑视。

对某些敌对的、不友好的机构，

官媒历来只用简称，有时还带引号，

为什么不用全称，还要加引号？

因为那些机构的合法性成问题。

条例原文：第九条（七）标题。由发文机关名称、事由和文种组成。

39. 有些公文可能没有主送机关，比如，公告、通告等。（√）

公字、**通**字都带有广而告之的意思，

是面向不特定的社会公众的。

联想一下民国题材的影视剧，

一言不合，通电全国。

 签发

 通电

40. 当主送机关过多导致公文首页不能显示正文时，应将主送机关名称移至版记。（√）

机关没有包子，只有烧麦！

包子有肉就得放褶子上，

第一眼必须让大家看到馅，

就这么现实，就这么功利，没办法。

41. 主送机关不应当使用的是（A）。
A. 不同级别机关统称。B. 机关全称。
C. 规范化简称。D. 机关代称。

第一眼就可以排除 B 和 C。

然后再排除 D，机关代称是指，

同一层级机关的指代称呼，

比如，各省区市、国务院各部委。

这些机关都是并列的，可以用。

这道题的知识点是：

主送机关不能出现不同级别机关！

每一层级重点管好自己的下一层级，

要管更下的层级，手伸太长了。

统称

试想一下这样的场景：

大当家的总瓢把子布置一项工作，

上、中、下层一起洗耳恭听，

这让高层中层的优越感无从体现。

> 条例原文：第九条（八）主送机关。公文的主要受理机关，应当使用机关全称、规范化简称或者同类型机关统称。

42. 发文主体是一个机关的文件，其"成文日期"是指发文机关负责人签发的日期；多个机关联合发文的，各机关负责人签发时间不一，将送印刷厂印制的日期作为发文日期。（×）

请注意！整个条例都与印刷厂关系不大。

> 条例原文：第九条（十二）成文日期。署会议通过或者发文机关负责人签发的日期。联合行文时，署最后签发机关负责人签发的日期。

印刷厂

43. 党政机关公文的标志性体现之一是盖公章，但纪要等可以例外。（√）

关于盖公章问题，纪要是个例外。

这道题有时候会写得更全一点。

条例原文：第九条（十三）印章……有特定发文机关标志的普发性公文和电报可以不加盖印章。

44. 现在什么领域都讲求标准化，党政机关公文格式标准化的依据是（D）。

A. 适用汉语的语言文字一般规范即可。

B. 适用《中国共产党的机关公文格式》。

C. 适用《国家行政机关公文格式》。

D. 适用《党政机关公文格式》。

新《条例》的"新"主要体现在，

党委的与政府的公文规范合二为一。

条例都合体了，格式标准还敢不合体吗？

所以，选项 B 和 C 很容易排除，

A 毫无疑问可以最先排除。

条例原文：第十条公文的版式按照《党政机关公文格式》国家标准执行。

45. 党政机关公文如有密级、紧急程度、份号，一律标在左上角。（√）

曾经是可以标在右上角的，

但是，现在一律挪到左上角。

简报现在也有标右上角的，

但简报不是公文，简报格式更随意。

对于公文格式，不管怎么说，

左，总是显得比较正确。

46. 党政机关公文既可以左侧装订，也可以顶端装订。（×）

对于公文格式，再啰嗦一遍：

不左，就容易犯错误！

不要联想，这里仅指地理方位。

47. 在公文的文尾，可能有（A）。

A. 抄送单位。B. 抄报单位。

C. 专报单位。D. 报告单位。

2012 年颁布八项规定后，

不能给上级送礼，只能送文件。

主送、抄送，一律用送。

想用报字表达尊敬？大错特错！

看到报字直接打叉，雅贿！

条例原文：第九条 公文一般由……主送机关……抄送机关……等组成。（十六）抄送机关。除主送机关外需要执行或者知晓公文内容的其他机关，应当使用机关全称、规范化简称或者同类型机关统称。

48. 公文的文尾，要印上拟稿、校对、打印等人员的名字，以体现各自对文件所负的责任。(×)

文秘别把自己太当回事！

拟稿、校对、打印等人员的名字，

曾经是印在文件文尾的，

现在不印了。怎么理解?

文件写得好、零差错，都是应该的。

出了问题要追溯责任的话，

可以在发文稿纸上找证据，

相关经办人员在其中留了痕迹。

49. 联合行文的，发文机关署名不分先后。(×)

提示：机关不讲排名的情况非常少。

50. 随着政府信息公开工作的力度越来越大，公文应该很快就会取消密级。(×)

内外有别，这可能是永恒主题。

别学某明星，很傻很天真。

51. 发文给对方，称其为"贵单位"，说明对方是发文方的（B）。

A. 上级。B. 平级。C. 下级。D. 平级或者下级。

把上级称为贵，属于自挖鸿沟。

〕) 送 ▸

〕) 贵 ▸

想与上级拉开距离，不想混了？

如果是中共党员，切忌把中共称贵党。

把下级称为贵，纯属瞎谦虚，

长此以往，下级将会皮得不像话。

52. 某机关的请示文件结尾语写的是："当否，请批示！"（×）

结尾语只能用句号，不能用别的；

不能用感叹号、不能用问号。

公文要中正平和，要中庸，

公文不是讲话稿，不是煽情的演说，

公事公办，切忌感情太外露。

53. 公文落款下面的成文日期应该大写，显得庄重大气，阿拉伯数字不能用，因为是外来的文字。（×）

曾经要求使用大写的日期，

是为体现中学为体、西学为用？

还是因为大写的不容易涂改？

反正新规定必须用阿拉伯数字。

为什么？没有为什么。

54. "敬颂秋安。""顺祝事业发达。""顿首。""祝您永远健康。"这些都可以作为公文结尾语。（×）

不能对上级肉麻，至少书面上不行。

如果爱，请深爱！

也许你真的对上级感情很深，

那么，请将感情埋得更深一点，

不要把荷尔蒙滋领导一脸。

55. "此致敬礼"是公文最常用的结尾语。（×）

"此致敬礼"容易让人恍惚，

因为很常用，也显得很正规。

你又不是军人，干吗敬礼！

什么？你原来是军人？

哦，军转干部，对啊！既然转业了，

写材料习惯也得一起转变，

以后不要写此致敬礼了。

煽情

顿首

56．下级机关印发上级机关的文件，称为批转；上级机关印发下级机关的文件，称为转发。（×）

这道题把批转与转发写反了。

切记：**批**是上级机关的专用字。

57．党政机关公文的版式，按照我国印刷行业的排版工作规范执行。（×）

提示：公文，这么傲娇的文字材料，

怎么可能只用一般规范就行！

条例原文：第十条公文的版式按照《党政机关公文格式》国家标准执行。

58．为了体现统一规范和便于大家阅读理解，党政机关公文中，除引用的内容外，一律不得使用少数民族文字。（×）

在我们这样的多民族大家庭，

对少数民族历来非常尊重、包容，

连之前的计划生育政策都有倾斜，

而且把少数民族文字作为"非遗"进行保护，

怎么可能在机关公文中排斥呢！

条例原文：第十一条……民族自治地方的公文，可以并用汉字和当地通用的少数民族文字。

59．党政机关公文只能使用 A4 纸幅，太大或太小都不符合规范。（×）

理由：需要广泛张贴的公告等可以例外。

条例原文：第十二条 公文用纸幅面采用国际标准 A4 型。特殊形式的公文用纸幅面，根据实际需要确定。

第四章　行文规则

60．特殊情况需要越级行文的，应当同时抄送被越过的机关。（√）

批 ▶

非遗 ▶

人过留名，雁过拔毛，
文件越过，应当抄送。

条例原文：第十四条 行文关系根据隶属关系和职权范围确定。一般不得越级行文，特殊情况需要越级行文的，应当同时抄送被越过的机关。

61. 党政机关制发上行文，原则上主送一个上级机关，其他上级、平级、下级机关，只要与这项工作有关系都要抄送，遗漏就可能影响工作。（×）

提示：机关工作要有章法，不能随意。
向上行文，无非请示和报告，
尤其是请示，怎么能让下级知道呢？
万一请示事项被驳回，面子往哪放？

条例原文：第十五条 向上级机关行文，应当遵循以下规则：（一）原则上主送一个上级机关，根据需要同时抄送相关上级机关和同级机关，不抄送下级机关。

 抄送

62. 县发改委可以直接向市发改委请示、报告重大事项。（×）

提示：县发改委首先是县政府的组成部门，
其次，业务上受市发改委指导。
请注意！是指导，不是领导。
职权范围的事项可以直接发文，
重大事项必须经县政府授权。

条例原文：第十五条（二）党委、政府的部门向上级主管部门请示、报告重大事项，应当经本级党委、政府同意或者授权；属于部门职权范围内的事项应当直接报送上级主管部门。

63. 镇政府有一事不明，向县政府请示，县政府也觉得没有先例、法律法规找不到依据，不敢拿主意，把这份请示转市政府。（×）

提示：每一级机关都应该有担当，
不轻易上交矛盾，
这是最起码的机关伦理。

 担当

条例原文：第十五条（三）下级机关的请示事项，如需以本机关名义向上级机关请示，应当提出倾向性意见后上报，不得原文转报上级机关。

64. 牛群说，为了纪念巴甫洛夫诞辰100周年，准备组织一次聚餐吃烤鸭，但是需要上级批准经费。冯巩说，那就打个报告吧。（×）

民间口语把请示和报告统称报告，

或者把请示称为"请示报告"，

这都不符合机关公文条例。

条例原文：第十五条（四）请示应当一文一事。不得在报告等非请示性公文中夹带请示事项。

65. 某机关文件的主送单位写"十分尊敬的财政局张局长您好："（×）

关于公文主送和抄送单位的知识点：

（1）除特殊情况外，不能写个人。

请示

（2）除单位名称外不能有多余文字。

条例原文：第十五条（五）除上级机关负责人直接交办事项外，不得以本机关名义向上级机关负责人报送公文，不得以本机关负责人名义向上级机关报送公文。

66. 受双重领导时，请示只能主送一个上级机关，需要时，可抄送另一个上级机关，不能同时主送。（√）

理由：**一仆不事二主**。

给长辈送红包、买礼物，

有时应该给双方父母一起送、一起买，

有时不一定需要，要看具体情况，

可以只给岳父母（公婆）送和买就行了。

条例原文：第十五条（六）受双重领导的机关向一个上级机关行文，必要时抄送另一个上级机关。

交办

67. 向下级机关的重要行文，必要时，应当同时抄送（A）。

A. 直接上级机关。B. 签发人。

C. 本级党委。D. 主送机关。

在中国的大多数三代同堂家庭，
父母打孩子，要看祖辈的脸色。
有智慧的祖辈一般不会过多干预。
在法制和规范比较健全的情况下，
向下级行文，基本是贯彻上级精神，
所以，实际上需要抄送上级的比较少。

条例原文：第十六条（一）主送受理机关，根据需要抄送相关机关。重要行文应当同时抄送发文机关的直接上级机关。

68. 县委、县政府的办公室经县委、县政府授权，可以向（D）行文。

A. 县委。B. 主送机关。

C. 省政府。D. 镇党委、镇政府。

这道题的理由与上题类似，
县政府办公室不是镇政府的上级，
不经县政府授权不能向镇政府行文。

条例原文：第十六条（二）党委、政府的办公厅（室）根据本级党委、政府授权，可以向下级党委、政府行文……

69. 县政府办公室可以向镇政府发文；县政府的部门和单位不得向镇政府发布指令性公文。

（√）

办公厅（室）本身不是政府组成部门，
但在公文程序中比其他部门地位高。
县政府由县长、副县长与相关部门组成，
这是法律上、理论上的情况，
但实际上在人们的口头表达习惯中，
县政府由县长、副县长与县府办组成。
办公厅（室）与其他部门相比，
是一个非常特殊的存在。

直接上级 ▶

办公室 ▶

条例原文：第十六条（二）党委、政府的……其他部门和单位不得向下级党委、政府发布指令性公文或者在公文中向下级党委、政府提出指令性要求。

70. 向一个受双重领导的下级机关行文布置工作，必要时抄送其另一上级机关。（√）

是不是需要抄送，要看具体情况，

有必要才抄送，反之不用送。

在机关工作不要一味瞎客气。

条例原文：第十六条（五）上级机关向受双重领导的下级机关行文，必要时抄送该下级机关的另一个上级机关。

71. 请示与报告的最大区别是，请示必须批复，而报告没有批复这一说。（√）

请示有去有回，报告有去无回。

双重领导 ▸

报告就是肉包子！

没别的意思，只为了好记。

72. 对于请示，上级机关批准同意下级机关请示事项的，称为批复；不同意的就不批复。（×）

回复同意的，叫批复，

回复不同意的，也叫批复。

复是回复的意思，这没异议，

而批却不是批准的批，

它是阅批的批，评判的意思。

73. 某机关向上级机关行文请示某事项，上级机关的批复文件同意了该事项，但没有写理由，这样不太规范。（×）

已经同意了，还让说理由？

这不没事找别扭嘛！

74. 关于批复，下列说法正确的是（ABCD）。

A. 完全同意的，可以不写理由。

批复 ▸

B．不完全同意的，不同意部分要说明理由。

C．完全不同意的，一定要写不同意的理由。

D．如果出现"原则同意"字眼，说明既有同意也有不同意。

在机关常听常见**原则同意**，

老公务员也未必知道确切意思，

笼统地认为是在打太极拳，

但其实不是，而是有确切含义的。

75．某机关受 A 和 B 两个机关双重领导，该机关将一份请示主送 A 机关，同时抄送 B 机关。应该由 A 和 B 两机关分别作出批复。（×）

本题有两个知识点：

（1）主送谁、谁批复。

理由：投桃必报李，解铃还须系铃人。

（2）一份请示只会有一份批复。

理由：**一石二鸟**？美得你！

76．涉及多个部门职权范围的事务，部门之间

未协商一致的，不得向下行文。（√）

不商量好，当然不能向下行文，

否则让下面单位无所适从。

特别简单吧，纯属送分题。

条例原文：第十六条 （四）涉及多个部门职权范围内的事务，部门之间未协商一致的，不得向下行文；擅自行文的，上级机关应当责令其纠正或者撤销。

77．请示事项涉及其他部门业务范围时，应当经过协商并取得一致意见后上报，经过协商未能取得一致意见时，应当在请示中写明。（√）

你不作为，我想作为，

谁对谁错，上级评判。

请注意区分一下：

上一道题是下行文，这题是上行文。

78．政府发文，不可以向党组织发工作指令。（√）

 投桃报李

 无所适从

这道题做错应该考不上公务员。

多长时间没听新闻联播了！

第五章　公文拟制

79. 公文拟制包括起草、修改、审核、签发等程序。（×）

提示：修改不算程序，改多少遍都不算，
所以说，帮别人改稿子真的吃力不讨好。

条例原文：第十八条 公文拟制包括公文的起草、审核、签发等程序。

80. 公文起草应当体现发文机关的意图、做到原则性与灵活性相结合。（×）

提示：再重复一遍！
类似题目都没有灵活性一说。
公文很刚、很硬核。软绵绵的不行！
请参阅第1、第2、第3题。

条例原文：第十九条 公文起草应当做到：（一）符合党的理论路线方针政策和国家法律法规，完整准确体现发文机关意图，并同现行有关公文相衔接。

81. 公文起草应当做到内容简洁、观点鲜明、文字精练、排比对仗。（×）

提示：没有"排比对仗"一说。
讲个故事，可能只是段子，
传说参加"两会"的莫言接受记者采访，
当被问到对政府工作报告的评价时，
回答说：今年的报告好！没有排比句。
老万的两本书，也从来没提过排比对仗。

条例原文：第十九条（三）内容简洁，主题突出，观点鲜明，结构严谨，表述准确，文字精练。

82. 公文起草应当在深入调查研究的基础上，

 硬核

 排比对仗

领导召集讨论、确定文稿框架。（×）

　　提示：文秘的工作，不应牵涉领导。

　　领导的作用主要是领导、指导、主持。

> 条例原文：第十九条（五）深入调查研究，充分进行论证，广泛听取意见。（七）机关负责人应当主持、指导重要公文起草工作。

83. 经审核不宜发文的公文文稿，如果需要较大修改，退回起草单位修改；如果是一般修改，发文机关文秘修改后直接送领导审签。（×）

　　提示：在机关，吃力不讨好的事少做！

　　并且，这道题的表述也不正规，

　　什么是较大修改？什么算一般修改？

> 条例原文：第二十一条 经审核不宜发文的公文文稿，应当退回起草单位并说明理由；符合发文条件但内容需作进一步研究和修改的，由起草单位修改后重新报送。

84. 公文经过机关负责人画圈或签名的，视为同意。（√）

　　提示：画圈和签名，可能是——

　　当领导最有感觉的手势。

　　顺便提一下，信息简报与公文不同，

　　领导在信息简报上画圈，

　　只能表明领导看过了，不能视为同意。

> 条例原文：第二十二条 公文应当经本机关负责人审批签发……圈阅或者签名的，视为同意。

第六章 公文办理

85. 公文办理包括收文办理、发文办理、流转程序、整理归档。（×）

> 条例原文：第二十三条 公文办理包括收文办理、发文办理和整理归档。

 主持

 画圈

86. 对收到的公文应当进行初审。初审的重点之一是：（ D ）。

A. 是否要批复。

B. 是否为下级党委、政府行文。

C. 是否为一文一事。

D. 是否应当由本机关办理。

理由：不要让烫手山芋落自己手里。

不该收的也收，瞎耽误工夫嘛！

人家该收文的单位急得跳脚。

条例原文：第二十四条（三）初审。对收到的公文应当进行初审。初审的重点是：是否应当由本机关办理……

87. 需要两个以上部门办理的公文，应当明确主办部门。（ √ ）

有没有水吃，与和尚数量无关，

关键要看有没有任命方丈。

明确责任是做好一切工作的前提。

条例原文：二十四条（四）承办……批办性公文应当……需要两个以上部门办理的，应当明确主办部门。

88. 领导已经签批的公文，印发前应当进行复核；需要进行实质性修改的，应当报原签批领导复审；修改错别字之类则不必复审。（ √ ）

领导签批的公文，不是一点不能动，

而是不能动实质性内容。

条例原文：第二十五条（一）复核。已经发文机关负责人签批的公文，印发前应当对公文的审批手续、内容、文种、格式等进行复核；需作实质性修改的，应当报原签批人复审。

89. 涉密公文应当经过保密渠道传递，特别紧急的，经请示领导同意后，可以特事特办。（ × ）

提示：保密问题特别重要！

🔊 初审 ▸

🔊 复审 ▸

在保密要求面前，没有什么特事可以特办。

条例原文：第二十六条 涉密公文应当通过机要交通、邮政机要通信、城市机要文件交换站或者收发件机关机要收发人员进行传递……

第七章 公文管理

90. 尚未确定密级的公文，暂时不存在保密的问题。（×）

再次提示：保密问题特别重要!

条例原文：第三十条 公文确定密级前，应当按照拟定的密级先行采取保密措施……

91. 市民从网上下载的党政机关公文，不能作为办事依据，正式印发的红头文件才有权威。（×）

条例原文：第三十一条 ……经批准公开发

布的公文，同发文机关正式印发的公文具有同等效力。

92. 绝密级的公文一般不得复制、汇编。（√）

管理的原则是：少，就容易管，
不论什么，多了就增加管理难度。

条例原文：第三十二条 ……绝密级公文一般不得复制、汇编……

93. 公文的保密管理规范，是对文件原件的要求，复印件的管理没有硬性规定。（×）

公开的公文，怎么着都问题不大；
该保密的，任何时候都得保密。

条例原文：第三十二条 ……复制、汇编的公文视同原件管理。

94. 废止一个单位的公文，只能由这个单位自

己或该单位的上级来宣布，该单位的下级无权宣布。（√）

　　阿Q说：儿子怎么能打老子！
　　不能让下级皮，否则队伍不好带。

> 条例原文：第三十三条 公文的撤销和废止，由发文机关、上级机关或者权力机关根据职权范围和有关法律法规决定……

95. 被废止的公文，一开始就没有效力；被撤销的公文，从撤销之日起失效。（×）
　　提示：正好说反了。

> 条例原文：第三十三条 ……公文被撤销的，视为自始无效；公文被废止的，视为自废止之日起失效。

96. 文秘人员在家庭、旅馆等非办公场所起草文稿，需要参考有密级的公文，可以办理有关手

废止 ▶

续后借用，但不得让非机关人员看到。（×）

> 条例原文：第三十五条 ……个人不得私自销毁、留存涉密公文。

97. 文件传阅，是指多人阅读同一份文件，传阅对象有先后、主次之分。（√）
　　理由：看文件是一种待遇，
　　怎么能不分先后主次！

试题做多了我有个感觉，好像机关这个法人把面子看得比天大。

恭喜你！入门了。知道儒家三纲五常的深远影响了吧。

第八章　附则

98. 党政机关公文条例只适用于纸质公文，电

销毁 ▶

子公文执行另外的规范。（×）

条例原文：第三十八条 党政机关公文含电子公文……

99．党政机关公文条例只适用于党政机关，事业单位、企业尤其是外企不能用。（×）

理由：法无禁止即可为。

条例原文：第四十条 其他机关和单位的公文处理工作，可以参照本条例执行。

100．《党政机关公文处理工作条例》于2012年7月1日生效，它对15种公文的格式以及办理流程进行了规范。（√）

本题主要有两个知识点：
一是党政机关公文共有15种，
二是2012年7月1日生效。
7月1日不用说了，很好记。

禁止 ▸

那么，2012年有什么特殊之处吗？
新公务员当然没什么体会，
对于有点工龄的公务员来说，
2012年拐弯太急，扯到那啥了。
当然，这个弯拐得好！端正了风气。

条例原文：第四十二条 本条例自2012年7月1日起施行。

以上是复习重点，但不是全部，
认真浏览3遍，考90分应该没问题。

其他知识点为什么不列上来？

我没想出有趣的解释角度。

角度 ▸

副册

副册不涉及条例，主要谈文风，
是老万对机关公文的看法、想法。

作为一名老机关，我对公文的印象：
一方面不好查找，另一方面不易看懂。

无论是我自己想了解政策内容，
还是写材料需要查阅公文，
在过去二十多年，都是一件费时间的事。
内部文件不易找，公开的也一样，
政务越来越公开了，情况似乎好不太多。
查找公文的搜索引擎好像没有。

不易看懂，是指公文写得不通俗，
一是不经过解读就基本上看不懂；
二是不把上下位文件、实施细则放一起，
就不容易得到全面的、可操作的路径；

三是不把新文件与原文件对比着看，
也不太容易看明白；
四是废话太多，有限的有用内容，
往往被淹没在务虚的汪洋大海之中；
五是写作角度大多是机关本位的，
我是指，面向公众的文件也这样写。

然后，老万提出了改进文风的建议，
这些建议基本上属于乌托邦，
在可以预见的未来，可能性不大。

第 24 章
上位文件为什么让人看不太明白

文件上的文字，单个字都认识，
连在一起却看不太懂，甚至晕头转向。
所以，学习领会成了高频词汇。
不光群众感到晕，公务员也晕，不信？
你随便拿份文件，问身边的公务员朋友，
只要不是他所在部门的文件，
我敢百分百保证，他也答不全。

小马呀，帮忙看下我小叔子的履历，擅长打农药吃鸡，是否可以人才引进？

啊？这个这个，他这种情况比较特殊，等我问下老古。

小马心想：每天挎着人造革包挤地铁，
已经够累，还拿这种问题考我们，
人家公务员不要面子的啊？

面子

凭良心说，现代社会也太复杂了，
管理需要精细，政策也就越分越细！
内容复杂，难道就不能写得通俗吗？
能把复杂内容写得简单明了，这才算本事呢，
内容复杂，这根本不是理由！老万觉得：
只要初中语文好，什么都能写明了。

因为社会很复杂，所以政策也复杂。

对于文件写得不太通俗这种毛病，
老万分析，原因大致三七开，
当然主要是八股文风气问题，占七分；
还有三分，确实是客观原因，
而且都是硬邦邦的、堂堂正正的原因。
也就说，文件不经解读就看不太懂，
不必大惊小怪，再正常不过了。

文件让人看不懂，还有道理喽？

当然！而且都是响当当的硬道理。

硬道理

比如，某市出台科创中心建设文件，
请注意下图画红线的一句话：

……展社，对……用子……半……落实。……此试点。完善……市海外人才居住证（B证）制度，降低科技创新人才申请条件，延长有效期限最高到10年。
（九）充分发挥户籍政策在国内人才引进集聚中的激励和导向作用。完善居住证积分、居住证转办户口、直接落户的人才

这是该市科委门户网站截屏，
其中，关于海外人才居住证写得比较原则。
新政最高到 10 年，那原来最高几年？
符合什么条件可以居住 10 年？
最高 10 年，那分几档？分别是几年？
为什么不把这些都写清楚？
洋人中的老百姓，看这个文件很纳闷；

有效期

请问我在咱们城市
酒精可以拘留几年？
办事大厅

像这种内容比较综合的上位文件，
要付诸实施，还需要下位文件配套才行。
其中，涉及外国人才办理居留证，
由人社局（外专局）制定实施细则，
这些委内局、局内局的隶属经常变动，
就当它还在人社局吧，都差不多。

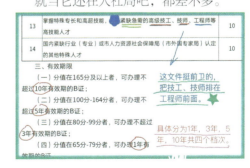

| 13 | 掌握特殊特长和高超技能，紧缺急需的高级技工、技师、工程师等高技能人才 | 10 |
| 14 | 国内紧缺行业（专业）或市人力资源社会保障局（市外国专家局）认定的其他特殊人才 | 10 |

三、有效期限
（一）分值在165分及以上者，可办理不超过10年有效期的B证；
（二）分值在100分-164分者，可办理不超过5年有效期的B证；
（三）分值在80分-99分者，可办理不超过3年有效期的B证；
（四）分值在65分-79分者，可办理1年有效期的B证

这文件挺前卫的，把技工、技师排在工程师前面。
具体分为1年，3年，5年，10年共四个档次。

技师

再比如，当年关于全面放开二孩政策，

中央文件确定大方向、大框架，

总的精神是：二孩可以备孕了！

但是老百姓还想知道福利政策，诸如，

产假、哺乳假啦，丈夫陪产假啦，

这些具体规定，上位文件没写，

要等各地的下位文件出台才知道。

💛 在全国率先落地实施新的人口与计生条例，新条例实施将给我们的生活带来哪些改变？昨日，省卫计委对新条例进行了权威解读。

丈夫陪产假增至15天 **孩子爸爸多了5天假，打麻将还是洗尿布...**

新条例修改了与"全面二孩"政策不协调的奖励规定，取消晚婚晚育假，将原来的独生子女母亲产假调整为奖励30天。同时，丈夫陪产假从10天增至15天。 **晚婚晚育假早就该取消！！！**

也许你会替大家伙儿提个问题：

产妇和丈夫的福利不能全国统一吗？

不能由上位文件一并写清楚吗？

刨产假 ▸

这还真不行！这其中主要有两个因素。

第一个因素：谁制定、谁修改。

生育福利，此前就不是全国统一的，

各省区市都有各自的不同规定，

这涉及中央与地方的分层分权治理。

大多数省份，原来就有《计划生育条例》，

条例是由省级人大常委会通过的，

那么，谁制定的条例，就由谁来修订，

在权力分配没有变化的情况下。

解铃还须系铃人，

修改条例同样要经省级人大常委会。

也就是说，产妇和丈夫的福利，

就得由各省定，中央文件不会写的。

第二个因素：各地差异大，不能一刀切。

专家说：贫困地区职工福利过高，

会导致企业外流、职工失业。

专家说，全国一刀切可能有问题！

一刀切 ▸

国家曾有个加强城市规划的指导意见，
提倡新建住宅小区不建围墙，
当时引起了老百姓高度关注。

在此，要补一下房改前的课程，
年轻人可能不知道，改革开放前，
城市平民大多住的是沿街门面房，
当时，只有大单位的家属才能住大院。

房子沿道路两侧而建，这是城市的雏形，
为的是方便生活、方便做小买卖，
沿河而居、因路成市，家家是商铺。
改革开放前，私人不能做买卖，
改革开放、特别是房改之后，
好不容易老百姓也住进有围墙的院子了，
进出口有保安，早晚还朝你敬礼各一次，
这礼可不是白敬的，要交物业费。

怎么着？在有围墙的院子里没住几年，

> 虽是商铺，却不允许随便开店！

现在又面临要拆除围墙？
这弯拐得，比雅鲁藏布江大峡谷还要急！
当时有专家说，不要误解文件精神：
拆围墙是不可能的！至少近期不可能！

> 街区制新政出台，我昨天买的楼王要贬值。

> 我捡个便宜，打折价买的底楼，马上要变沿街商铺。

请注意！这是最高层级的上位文件，
虽然也包含一些具体要求，
但更多的是提出先进发展理念，
是大多数人的远景规划，
是指导或提倡，也属于郑重宣示。
这样的原则要求，要转化为行政管理依据，
还要经过一系列的法定程序。
文件提出原则上不再建设封闭小区，
但并不是所有小区都不能建围墙。

可能先试点、再逐步完善推广，
在认识与实践的交替中循序渐进。
等到绿色交通普及，没有尾气和噪声，
临街的房子也不觉得吵闹了；
等到技术发达，"智慧城市"建设好了；
等到所有需要高清监控探头的地方都安装了，
小偷的武艺也就废了，围墙也就没用了。

为什么上位文件不把话
说透、不全写清楚？

你以为全都想清楚了吗？
毕竟大家都在摸石头过河。

以上分析，总结一下，
红头文件不通俗的原因，三七开，
其中的三分客观因素分别为：
一是各地情况不同，需要因地制宜，
二是政府的纵向分权与横向制衡，
三是知与行交替前进的工作规律。

三点还是太难记？浓缩为一句话：
上位文件是供的，下位文件才是用的。

当然，老万知道大家更关注的是，
许多下位文件也写得像八股文！
对此，老万早就有很成熟的建议，
请大家对下一章节狠狠地表扬一下。

第25章
每个文件都要写指导思想吗

最近，朋友和同事催我更新公众号。

为啥没更新？没别的，就因为忙！

除了日常工作，还有几个大材料在写，

其中一个，关于行政审批改革。

老万起草了一个这样的提纲：

庆丰县优化大象搁冰箱项目
行政审批改革实施意见

一、目的和意义

二、指导原则和总体思路

三、试点范围

四、改革内容

五、保障措施

一看提纲，明眼人心里清楚，

 行政审批

这份文件的第三四五部分是写实，

是干货，怎么做就怎么写。

比较难写的是第一和第二部分，

一定要写出高度和新意，

否则体现不出写材料的水平。

比如，改革的目的和意义，大致写3段：

1. 贯彻"放管服"改革的重要举措；

2. 供给侧结构性改革的重要内容；

3. 满足美好生活的题中应有之义。

二级标题的这3个段落，如有必要，

每一个都可以继续拆分，

比如，放管服这段，至少写3层意思：

一是政府职能转变、作风改进（自身建设）；

二是打破部门的信息壁垒（对内）；

三是优化营商环境（对外）。

 放管服

对了，还有事中事后监管等。

哦，任何一个观点，在写材料熟手笔下，

永远都可以阐发至少 3 个子观点，

任一个子观点又可以写出 3 层意思，

无限循环，一直细分到单词。

老子曰：道生一，一生三，三生万种文章。

你不会不相信吧？或者不服？

那么，老万再给你打个样：

> 原文：帮助大象搁冰箱项目投资者解决**困难**。
>
> 修改：帮助大象搁冰箱项目投资者解决**难点、痛点、堵点**。

把"困难"这个词，一拆为三，

有时是为了照顾上下文的节奏，

使文气更加通畅，也是近期流行词汇。

这样写文件，需要水平和技巧不假，

阐发

但基层干部群众好像不太喜欢，

所以，老万从心底里反对。请注意！

只是心底里反对，并不能知行合一，

上司让我这样写的话，我也会愉快地照写。

何乐而不为呢？又不会影响营商环境，

也不会真的给企业增加负担，

与其争论下去给自己增加痛点，

倒不如照写来得更痛快点。

但其实，我很想改进一下，颠覆性的！

怎么改进？我有几条很成熟的建议。

改进基层文件的第一条建议：

不写或少写务虚的内容。

老万的改造对象是基层文件，

老万觉得高层文件有时需要务虚，

其中的道理，上一章已经分析过了。

高层文件反复强调了指导思想和原则，

务虚

县里的操作性文件还要不要重复?

一个文件只有几句话干货,

总是淹没在务虚的汪洋大海中,

也从来没有黑体字给予提示,

考验老百姓政策水平、语文水平?

像公众号的文章,凡是重要内容,

可以有黑体字、字号加大、用彩色字体,

对读者进行提示,非常贴心,

文件完全是整齐划一的字体,

只为追求严肃性,却完全不贴心。

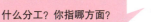
机关发文件是不是与新媒体约定了分工?

什么分工?你指哪方面?

机关负责打哑谜、出难题,新媒体负责通俗的"干货"解读。

整齐划一

改进基层文件的第二条建议:

删掉对内部提的工作要求。

很多文件都有内外不分的毛病,

比如上面的例文,一般都要写保障措施的,

保障措施部分,老万原打算也写3段:

一是加强领导;二是加强协作;三是加强培训。

六、强化城市道路交通管理保障措施

(十二)强化组织领导。(略)

(十三)明晰管理职责。(略)

(十四)加强宣传教育。(略)

(十五)保障经费投入。(略)

正如本书第11章的交通建设文件,

专门有一个部分写保障措施,写了4段,

全是对体制内各单位提的要求,

比如,其中的第(十三)条:

内部

（十三）明晰管理职责。各市、县、区政府是城市交通发展的责任主体。各级住房和城乡建设、规划、交通运输、公安、财政、城市管理行政执法等部门要按照各自职责，加强协同配合，共同做好城市交通管理工作。机关、团体、企事业单位及其他组织要树立协同共治理念，加强本单位、本行业文明交通和绿色出行的宣传教育，共同营造良好的城市交通环境。

在老百姓眼里，政府是一个整体，
各部门无缝衔接是理所当然的，
文件生效，窗口一开，就能办事。
至于你们内部是否团结协作，
准备工作是不是到位，那是你们的事。
古语云：背后不教子，当面不教妻。
强调分工协作纪律，应由内部文件写，
而且，要不要每项工作都强调一次，
纪委监察委纠风办不都有纪律吗？
谁不发扬风格，谁扯皮推诿，纪律处分嘛，

干吗一而再、再而三地"重申"强调？

请问你们机关各部门总是不太团结吗？

啥意思？不要抹黑好吗！

那为什么总是强调协作配合？

改进基层文件的第三条建议：
**把原来的规定与新规定糅在一起写，
对比着写，把话写全、写清楚。**

这样通俗易懂地写文件很难吗？
大多数文件，都只写发生变化的要件，
而基本上不会写出全部的要件，
因此造成：外人读来像密电码，

本书第 5 章有过分析，
但那是特殊情况，那是对内的文件，
面向公众的文件，还是应该通俗。
别说老百姓办事很不方便，
公务员自己查资料也很不方便。

乌龟妈妈驼着新出生的小
乌龟——打一行政管理用语。

上面有新规定。

对于凡是涉及操作性的文件，
老万建议，宁可写得啰嗦一点，
也要写得清楚、明白一点，
不要老觉得文件都是阳春白雪，
不愿意写通俗的、管用的、明白的内容。

改进基层文件的第四条建议：
借鉴《办事指南》的叙述角度。

🔊 指南 ▶   😃 ➕

多数文件把一项工作拆分为若干任务，
写明各部门分别完成什么任务。
这样写的好处是，责任清楚，
便于各相关部门认领自己的任务，
但这是机关本位的叙述角度，
替行政相对人考虑不够。

服务窗口的《办事指南》写得比较贴心！
《指南》是把任务打碎、揉成一团，
再拆开、捏成若干**办理事项**来写，
是站在服务窗口外的客户角度写作。
怎么用《指南》体例写文件？
很简单！在改革内容后面增加一块，
专门介绍改革后的申办流程。

老万对基层文件的这些建议，
你觉得怎样？哪些可行？
这篇大象搁冰箱的稿子，马上要报领导，
用老套路写，还是大胆革新？

🔊 事项 ▶   😃 ➕

马上要交差了，盼着文件早点出台，
治理无证无照大象搁冰箱表演问题。

今天又看到城管冲击马路
边的大象表演，你们城管好像
每天与摊贩起冲突？

这怎么可能！难道你们县
府办每天都写材料？

当然每天写！长篇的、中
篇的、短篇的，每人手里好几
个稿子轮着写。

难怪文山会海。

老万的这几条建议，要付诸实践，
还有很长的路要走，原因也是多方面的。
比如，有的文件，因为实质内容不多，
才需要务虚的内容来撑门面。
实质内容为什么不多？因为部门分歧大，

撑门面

大多数政策文件，涉及多个部门，
可能存在部门利益，横向协调难度很大，
牵头起草文件的部门，急于出台文件，
及时出台，是"迅速贯彻落实"的表现，
所以，为了赶进度，只能妥协，
对于有分歧的内容，大刀阔斧删除！
那么，涉及这个领域的内容怎么办？
只能替换成原则性的表述，
更具体的，需要部门再出细则。

最后，老万再啰嗦一句"周边"问题，
大话套话，虽然对服务窗口办事作用不大，
但并不等于说这些文字全都没有道理。
"大话""套话"这两个词本身，可能大家理解得不全，
大，是指词汇的外延大、视角大、宏观叙事。
套，是指某些词句的固定组合搭配，
比如，早年间的"五讲四美三热爱"，
现在公文中的固定搭配就更多了，
这些组合都很精巧，逻辑和意境都美，

精巧

这样的组合便于记忆和传播，
朗朗上口，适合用来进行社会动员。
这些词汇以及组合，本身并没有问题，
有问题的是某些机构或领导，说了却没有做到位，
或者只说不做，那么大话套话就成了空话。

另外，对于初学写材料的人而言，
要摆正位置，先别急于排斥大话、套话，
先要琢磨某些固定组合话语的含义，
搞清楚这些词语或组合的差异和相互关系，
能够把务虚的文字写得比较贴切、用对地方，
说明你理解了事物之间的关系和底层逻辑，
也说明你掌握了职场书面表达的基本功。

底层逻辑

外册

外册，围绕老万的第一本书展开，
老万作为一个写材料的人，
免不了签字赠书这类酸文假醋的俗事，
也忍不住嘚瑟网友对我的赞美。

这一部分共两章：

第 26 章是主动的签名赠书，
拿自己的稿费买自己的书，
领导、老师、同事、朋友，到处送。
每一本都认真签字，盖章，
多愁善感地回忆了写材料的生涯往事，
这些往事与某些同学、同事有关，
回忆起来难免肉麻兮兮的。

第 27 章是读者对书的评价反馈，

 赠书

全是赞美的，没有说不好的。
我经常在当当网、京东商城仔细找，
想找到对老万的书的负面评价，
很失败！没找到。真的没有吗？
有一条，嫌这本书定价太高，
页数太少、不经看，一翻就结束了。
我琢磨半天，这到底是夸还是怨？
反正不是对内容的负面评价，
一本书，很快就看完，难道不是好事？
说明通俗易懂、引人入胜啊！
你想啊！你最近一次一口气看完一本书，
是什么时候的事了？很久远了吧。
在老万近十年的阅读史上，
一口气看完的书，好像没有。

最后，值得一提的是印章，
全是老万完全独立自主设计的，
总之是要反传统，反对一成不变！
要解构正襟危坐的酸文假醋。

 印章

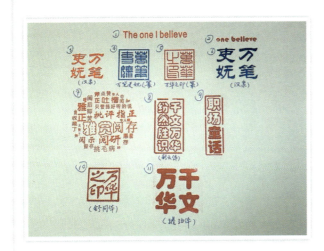

如果你看了这些签字，也想要，
用作对自己文秘职业生涯的纪念，
用来给亲朋好友送上祝福，
用来表明自己与万华有过互动，
都没问题！出版社为你准备了渠道：
搜上海三联书店的网上书店，
给客服留言，写下你想写的内容，
喜欢哪款印章，可以任意指定。

雅赏

老万会抽双休日去出版社签字、盖章，
然后，出版社给你邮寄，
加量不加价，老万图个乐呵。

不加价

第 26 章
肉麻的回忆

老万第一本书出版后，马上送书，
送给热心的读者，以及尊敬的师长。

> 你心里应该有数，我肯定要给你送书！
> 不要都不行，不要就是看不起我！
> 请你留下快递地址和电话。
> **不必点赞，不必评论，不必转发，**
> 既然送人情，就要纯粹、无条件送，
> 完全免费，连快递费也是我出。

一直说，我的签字特别矫情，
有的酸文假醋，半瓶子水晃荡，
有的是煮肉加花椒——肉麻兮兮的，
而且是 2019 年涨价的猪肉。
然后，后台很多网友好奇，
老万的签字是什么样子？

 矫情 ▸ 😄 ➕

我答应网友，要晒签字的，现在晒。
（按肉麻指数从低到高）

肉麻指数一颗心

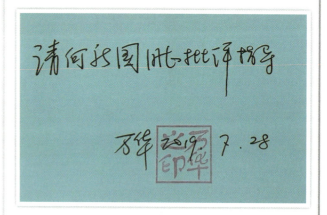

这是送邻省一位厅领导的，
是老乡，但未曾谋面。
网上认识的，通过几次电话，
在电话中确实给了我写作方面的指导，

 批评指导 ▸ 😄 ➕

我还认真阅读了老师写的书，
实用性强，我从中受益了，
所以，我把他看成尊敬的师长，
我给师长写请他批评指导，算是写实，
不算太肉麻吧，所以归入一颗星。

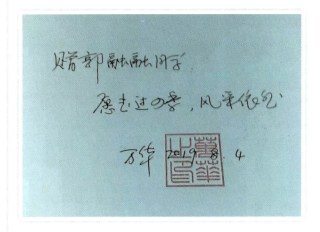

这是按网友指定内容抄写的。
最近这类句子非常常见，诸如，
愿你走过什么，归来仍是少年。

师长

少年不懂某某，读懂某某已中年。
看到这类文字，老万想起个问题，
公文与文艺作品相比，审美标准是不同的，
文艺的文字，最怕重复别人。
原来有个段子，大意是：
第一个把美女比喻为玫瑰花的是高手，
第二个这样比喻的，是庸才，
第三个重复的，基本上就是跟屁虫了。
炒剩饭，你至少加鸡蛋加葱花什么的吧，
不管引用古人还是今人的名言，都忌讳照抄，
反正老万重复别人就很别扭，所以，
皮一下、改几个字才开心呢。

但是，写单位的材料就不能皮，
贯彻上级精神必须要重复写，
四个自信不能写成三个自信，
必须不折不扣重复，一个字都不能动！

只要摆正自己的职业身份，或者浸淫久了，

浸淫

就会发现：重复，有时呈现一种严谨美。

这位仍然是未曾谋面的网友，
他也写公文写作的公众号，
他爱我这本书，觉得别开生面，
并热心推介这本书。致谢！

这次，老万把那么多签字反复看了几遍，
放在一起，一对比，老万有了新发现！
我写字的质量的稳定性很差，
写给领导的，比较拘谨、呆板，

别开生面

而为"如椽巨笔"这位网友写的，
就显得比较自信，刚柔相济、收放有度。
为什么？说到底可能是个自信心不足，
缺乏修炼，山中有虎，心中有魔。

本书校对时，单位院子的梅子落了一地。书签完，柿子熟了。

另外，这次送尊敬师长尤其省管干部的，
基本用同一款格式化签名：
请某某同志批评指导。
对长者，既不能随意，也不能太肉麻。
给年轻同事的签字，总体活泼得多，
但有些也有例外，为什么？

有的关系不那么近，我放不开，
有的能力强、心性高，很快就会当领导。

我一小科员，你签的也是
请我批评指导啥的。

你早晚会是省管干部。

肉麻指数二颗心

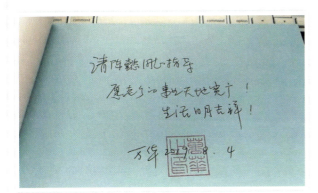

这位老乡，也算广义的同事，
是某区某部门的领导。
为什么是两颗心的肉麻指数？
因为我把他的网名嵌进去了。
为什么要那么刻意、做作？
因为我有私心，有个不情之请。
我爱豆的公司注册在他所在的区，
我爱豆就是《混子曰》的主理人，网红陈磊，
我心老想着，有机会请这位老乡引见陈帅哥，
一起喝茶、聊几句天上人间。

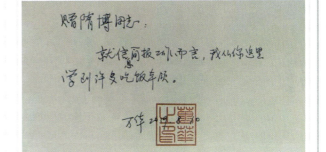

这位是曾经办公桌紧挨的同事。

网红

凡是业务关系紧密的同事，时间待长了，

相互影响的烙印肯定是有的，

这种影响不仅表现在业务上，

甚至三观也会相互影响。

他从我这里是否学到点什么？

他不说，我当然不便说。

我在业务上向他学了几招，这是事实，

所以，这样写其实并不肉麻呀？

要说肉麻，主要是他比我年轻——

他比我年轻有为得多得多！

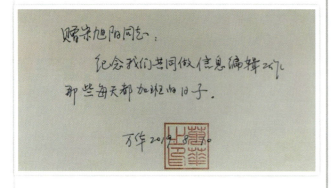

赠崇旭阳同志：

纪念我们共同做信息编辑工作
那些每天都加班的日子。

万华 2019.8.20

这位同事是博士，但这不算太稀奇，

我们这种单位博士真的实在太多了！

可怕的是他读闲书太多了，聊什么他都知道。

和这样人做同事，不得不拼命补课，

我买了"听书"课程，网上的，

上下班在车上听手机，已经两年。

有时为了想听完一本好书，

我甚至盼着堵车、不要太通畅。

某天食堂吃饭，我提到当天上班路上听的一本书，

关于罗马帝国制度的。我刚说罗马贤君，

旁边一位领导干部也是博士，脱口而出：

你看的是盐野七生的书吧？日本有个"讲谈社"，

它们出版的社科类书籍比较有名。

这位领导不经意的一句话，把我惭愧得不行，

急中生智，进出一句可以算金句的话：

只有多读书才能发现自己读书少！

这句话是我原创吗？不！抄苏格拉底的名言：

我唯一知道的就是我一无所知。

如果我不怎么读书，我根本不知道自己的差距，

也就不知道我的同事、朋友们都在读书，
也就不可能发现讨论工作时的"鸡同鸭讲"。
这是一个多么厉害的单位啊！

其实，我所谓的阅读补课，只是浮光掠影，
每本书只有一刻钟，听梗概的讲解，
然后现学现用、现炒现卖，
欠账太多，来不及精读，只能这样，
即便这样，也比不读书好吧。

这段文字的肉麻在于，夸张！
每天都加班的日子？
是想向领导表白咱工作很努力吗？
有这种单位？真的每天加班？
我负责任说，是真的！没夸张。
正如我在序言1里所写的，
办公厅是一个快节奏、高强度的工作单位。

以上两位都曾与我同做编辑。

孩子练琴的谱架别扔了，用来校对或者看闲书，特舒坦。

肉麻指数三颗心

 梗概

 闲书

这位是我高中同班同学，
在一家特别大的单位做高管。

高中一年级刚开学的那次考试，
是我与他分数最接近的一次，
此后三年，他把我越甩越远。

印象最深的是向他多次借小说，
《人民文学》《十月》《收获》之类，
每本都盖着他父亲单位公章。

走在去他家的弄堂沙土路上，
鹅卵石在夏天阳光下闪闪发亮。

给中学生家长提个建议，
别让孩子多看小说，科幻除外，
别痴迷，别陷进去，
太细腻分心，太文艺分神，
看课外书太费眼。

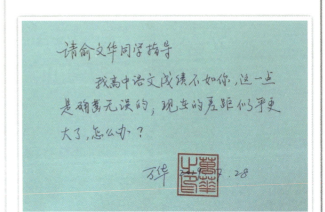

请俞文华同学指导

我高中语文成绩不如你，这一点
是确凿无误的，现在的差距似乎更
大了，怎么办？

万华 2019.7.28

这位是初中加高中双料同学，
现在是老家城市的方志办主任，
也算以写材料为职业的岗位，
老万的同学中，做文字工作的很少。

她看我写公众号，开玩笑说：
记得你中学语文没我好啊！
我很痛快承认：是的，是没你好。
虽然这是铁的事实、完全实锤，
可是，这句话我往心里去了，

你说这事咋整？肉麻不？

当年，她刚从大城转学到小城，
我们一班土著初中生觉得，
她的普通话和英语都特别标准，
像是省里派来推广普通话的。

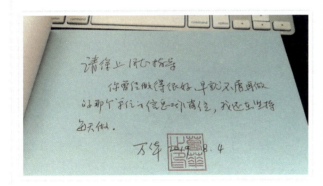

这位同事和我年纪差不多，
我们曾共同服务某领导文字工作，
他在甲部门，我在乙部门，
我们所服务的这位省领导每次开会，

我和这位同事都是作为文秘，在侧旁听，
他在法定位置上，我在外围，
这是由我们俩所在部门的性质决定的。

每次开会，我都认真记录，而他则不然，
他常打瞌睡，有时打呼噜，
不打瞌睡的时候，经常看闲书。
会后，我们俩所在部门都要写材料，
他写甲部门角度的稿子，
我写乙部门角度的稿子。
通常，他的稿子一挥而就，
我却吭哧吭哧反复修改都难通过。
他转身下班的潇洒背影，
对我造成了深深的伤害，
我当年发誓，要调到他的甲部门工作！

等我真调到甲部门工作，
他早已调离、职务上升了！
我在省政府办公厅工作 23 年，

只换过一次岗位，在乙部门 17 年，
2014 年调到甲部门，至今没挪窝。

在此，请允许我再肉麻一下：

君在我未在，我在君已上，
君嫌我语迟，我羡君袖长。
身在君部门，每恨简报烦，
相隔一江水，不能共食堂。

同时，我还发现一个歪道理：
工作繁忙与否、稿子改几遍，
与部门关系并不大，主要看人！
既要看部门领导，也要看自己。
原来我在乙部门采集蔬菜价格信息，
每个双休日去菜场，去了四年啊！
我的第一本书，详细记录了这件事，
用了两个章节的篇幅，写得很真实。
我刚一调离乙部门，这项工作立马停了。

语迟

文字工作像忠犬，认人的，
我走哪儿，辛苦工作跟哪儿。

生吃酸涩，做酱费糖；闻香味是对梅子的最大尊重。

肉麻指数四颗心

这样写，纯粹无事生非！

忠犬

是想把同事关系都搞僵吗？
更肉麻的是把一部分文字遮住，
又把谁的名字嵌进去了？
啥时候公布遮挡的字啊？
有奖竞猜吗？不！
不怕得罪人？不怕！爱憎分明。
别等了，决不可能公布的！

这位张总，曾经和我办公桌紧挨着，
看过他朋友圈的，无不敬佩他的文采。
但文牍挡不住他黄河般奔腾的才华，
转岗经济工作，什么指标都是第一！

奔腾

他的上级单位总结他的事迹材料，
曾刊登在我参与编辑的简报上。
那篇稿子，我认真思考、认真修改，
生怕既配不上他的工作能力和风采，
又怕被他嘲笑我的业务能力。
这签字，主要是最后一句肉麻：
我不是故意收录的。

我的意思是指，修改这篇稿子的时候，
并没想到要作为案例收录在书中，
所以，那些修改、那些圈圈点点，都很放松，
只要我的同事誊改时能看清楚就行。

誊改

作为重头戏，上一本书最后 9 页插图，
也是全书唯一的"花脸稿"，
保留了该稿前后三四次的修改痕迹，
建议初学者琢磨其中的修改意图。

同时，贴这张图片也想说明，老万很磨叽，
无论写稿改稿，都不是一挥而就，
总是思前想后，想照顾周全。
这是省级机关文字工作的常态吗？

**8 月某周六，窗外天高云淡，
楼宇庄严温柔。老万在签书。**

 花脸稿

肉麻指数五颗心

❤ ❤ ❤ ❤ ❤

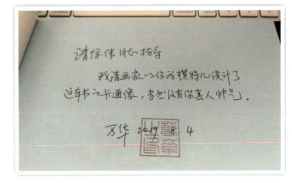

这位也是曾经办公桌紧挨的同事，
之所以五颗心的肉麻指数，
主要是老万作为一个男性，夸另一个男性帅！
而且是老年男性夸赞青年男性，是很肉麻。

模特儿

在这个卡通设计中，老万像一个难缠的甲方。
我要求设计师以我同事为模特儿，
但又不方便给照片，只能提示：
和我同事差不多的帅哥有两位
一位是冯唐，一位六神磊磊。

在冯唐还不油腻的时候，
多数人以为是"冯唐易老、李广难封"的冯唐时，
我就拼命读冯唐，太崇拜了！
崇拜他的聪明和率性，
《十八岁给我一个姑娘》
这样率性到霸气的书名，在二十年前，
还是非常惊世骇俗的。

他关于文学作品金线的说法，
我在我的上一本书中借鉴使用了，
专门用来分析公文的金线，
达到金线水平的，可以称为写材料熟手。

画图也好，写材料也好，

好作品是一点一点改出来的。
就为了设计这么个卡通形象，
我和设计师费了不少口舌。
帮老万设计卡通画的这位应该是小青年，
未曾谋面的网友，很有才华！
他善于抓住人物的特征，
他没当过公务员，但他画的公务员很像公务员，
他特别善于领会客户的意图，容易沟通。

我和他有个约定，请大家见证：
如果我有机会出下一本书，
只要他愿意，我将正式与他合作，
要署上彭船洋大名的那种合作。
这段话，我写在了公众号文章里，
所有的网友都是见证者。
现在，你看到的这第二本书，
彭船洋的名字，可以在版权页找到。

感谢徐上的朋友卫玮老师！

也帮我制作了第一本书中的卡通画。
感谢本书美编汪要军老师！
感谢责任编辑郑秀艳博士，
第一个认可我的书稿。
感谢上海三联书店！
这是一家有精神图腾的单位，
有次约责编谈稿子，郑老师说：没空，
单位安排去邹韬奋先生墓地祭扫！

老万感谢自己，这本书从内容、
插图、弹幕、漫画，以及装帧风格，
甚至小到卡通像的耳垂形状，
全是自己出点子并想办法实现！

双拥写材料? 双双拥抱着写?
那么，用哪只手执笔? 哪只手敲键盘?

这位是多年的同事，有为青年，
从东南沿海大都市到云南文山麻栗坡县挂职。
他对老万非常熟悉，业余交往密切，
他总结过我某个阶段的一个明显特征，
他说，你经常对同事说这样一句话:
你对我帮助很大!

曾经，我们在八项规定之前，
多次被集中在小旅馆突击写材料。
也就是，调查研究之后，集中撰写材料，
俗称"关起来"或"封闭式"写材料。
现在的双拥宾馆，当年没啥星级，
当年，我们处长带领我们一起闭关，
带上换洗衣服，吃住都在小旅馆，
就像防控新冠肺炎的隔离观察。

在白天也需要开灯的环境下，

挂职

分不清几号和星期几，大家重复着进行:
讨论、分头写、拼稿、修改，
再讨论、再分头写、再拼稿。

在一见到小旅馆菜谱就想呕吐，
把菜单上的饭菜吃过三遍之后，
稿子估计就差不多会被领导通过了。

当时最盼也最怕听到这样一句话:
"领导今天晚上来讨论稿子，
大家抓紧，晚饭前拼出一稿来。"

盼领导来赶紧说OK、大家可以回家，
但又怕领导说，再换个角度写一稿。

不曾被关起来写材料的文秘，
虽然不至于说不配谈写材料，
但是，密集的、高强度的刻意训练，
可能是新手突破瓶颈的好方式。

刻意训练

上面这位是办公厅的同事、领导，
调到了国内如雷贯耳的大企业，
好像才一年半载，就提升了一级！
这也不是偶然的，平时太努力了，
在办公厅这种高强度的工作中，
常年坚持跑步，坚持看书，
都是我连书名都陌生的学术味很浓的书。
平时对同事很关心，我感受到了。

下边这位陈飞是天津的网友，
在老万的公众号后台留言写了这么一大段，

🔊 跑步 ▸ 😊 ➕

我一字不差全抄了。
与陌生人开这么大玩笑！
不怕人家赶来拍我板砖吗？

天津人果然是幽默而豁达的，
他拿到书，回复我：
"要不是看到手写字体，我还以为是电脑剪贴的。"

🔊 豁达 ▸ 😊 ➕

全国还剩几个省区市我没去过，
这少数几个中就包括天津，
一提天津，心中响起曲艺节奏，
竹板这么一打呀，别的咱不夸，
……
我把像天津麻花一样肉麻的签字，
留给咱亲爱的天津网友。

看了这些签名，你是不是心痒？
也来一本，鼓励自己或者赠送朋友。

最后，特别说明一下，
那些写给本埠省管领导干部的签名，
更加肉麻，实在不方便晒出来，见谅！

 心痒 ▴

第 27 章
读者的反馈

老万之所以有勇气写第二本书，
是因为第一本书反响良好，超出预期，
几乎一边倒说好。具体怎么个好法？
拿出来晒晒吧，自己也复习一下。
不准说我自恋！谁都喜欢听好听的。

最集中的表达是出乎预料！
读得快，流畅，接地气，实用。

 😁很赞的书

 早上五点起来看了 30 页～

早上五点看书？还一下子看 30 页！
是憋着早晨那泡尿看的吗？

流畅 ▴

你的书我花了一个周末时间一口气读完真过瘾

 您现在就出版了一本书吗？读着不过瘾啊

一口气读完，肺活量也太惊人了！
拿起来就放不下，为什么呢？
读了第一本就想读第二本，有魔力！

 🙏🙏🙏刚收到，看了十几页，觉得老师风趣幽默，文采飞扬

 抽空读了几页，确实活泼风趣，接地气，👍👍值得一读

 是少有的能愉快读下去的写材料书👍👍👍

 魔力

似乎曾经被可读性不强的书所误。
仅仅是幽默风趣、一笑了事吗？
还是对初学者有点实际用处？

 全是干货，写的真好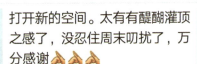

 书写的真好，受益良多

 谢谢您万老师，读您书之前，这东西缺乏思考，不是不想去琢磨，而是可能学习不好，缺乏思考的意识，总是无法把问题往深了想，找不到路。遇到问题，总是想想为什么就停下来了，服了您的书思路瞬间好多了

打开新的空间。太有有醍醐灌顶之感了，没忍住周末叨扰了，万分感谢🙏🙏🙏

 刚看了你的书，看了几页。就感觉相见恨晚啊。

 醍醐灌顶

循着文章摸到公众号🌹，读完公号里万老师所有的文章后，满心欢喜，终于找到宝藏了！👍😊，正好看到您推出的链接，果断入手，希望今后在万老师的指导下收货更大的进步，也祝愿您推出更多著作，以飨我辈！🌹🌹🙏

相见恨晚，全是干货，醍醐灌顶，
学会思考，受益良多，
这些评价都很中肯，我很受用。

买，昨天收到，今天一早没事，正潜心阅读，才读完序言。我是个90后，觉得文风清新有趣，很对我们年轻人胃口，感觉很超

特别像老万这种年纪的人，
最怕别人说我老，所以在书里装嫩，
能够对90后的人的胃口，
这是对我的最大安慰！

是不是只有90后才会喜欢？
那些有抬头纹的人怎么看？

下面这位是某211大学计算机学院主要领导，
曾经是校办主任，做过多年校出版社社长，
所以，他称自己是曾经的出版人，
我怕不礼貌，他的留言是匿名截屏好，
还是实名夸我好？还是避嫌吧，
借助业内人士抬高我，拿学者做幌子不好。

 天刚收到，非常感谢！作为曾经的出版人，非常震惊，无论从内容、文风、装帧设计等方面都是一本好书，非常有特色。祝贺老

 明天讲课时郑重推荐下！

 👍👍

然后，上面这位素不相识的网友，

看来是经常给别人讲公文课的，

我真佩服他对同行的大度，

老万我就不怎么推介别人的公文写作书。

都说文人相轻，包括我自己，

我居然能让一个讲公文课的老师服气。

下面这位是本埠资深的公文老师，

到处讲我的好话，我觉得欠人情。

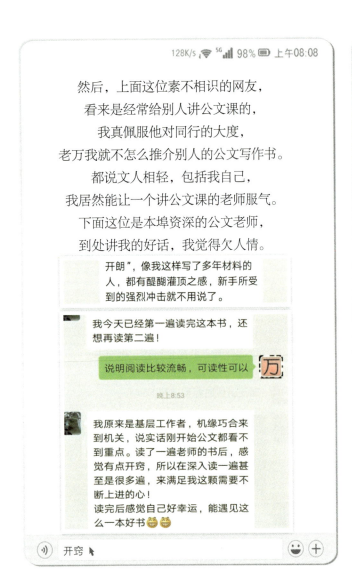

开朗"，像我这样写了多年材料的人，都有醍醐灌顶之感，新手所受到的强烈冲击就不用说了。

我今天已经第一遍读完这本书，还想再读第二遍！

说明阅读比较流畅，可读性可以 **万**

晚上8:53

我原来是基层工作者，机缘巧合来到机关，说实话刚开始公文都看不到重点。读了一遍老师的书后，感觉有点开窍，所以在深入读一遍甚至是很多遍，来满足我这颗需要不断上进的心！读完后感觉自己好幸运，能遇见这么一本好书😄😄

开窍

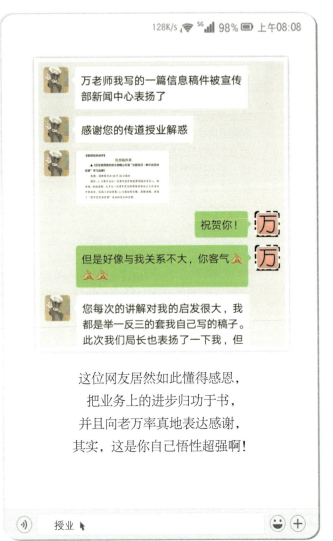

万老师我写的一篇信息稿件被宣传部新闻中心表扬了

感谢您的传道授业解惑

祝贺你！ **万**

但是好像与我关系不大，你客气🙏🙏 **万**

您每次的讲解对我的启发很大，我都是举一反三的套我自己写的稿子。此次我们局长也表扬了一下我，但

这位网友居然如此懂得感恩，

把业务上的进步归功于书，

并且向老万率真地表达感谢，

其实，这是你自己悟性超强啊！

授业

下午4:05

万老师，读了您的书以后，我觉得我的信息有了很大提升。这段时间，我撰写的一篇调研推动全省组织了同一主题的调研并且得到了省领导关注，一篇信息被省领导批示，还有一篇信息刊发在了省政府每日要情。短短时间内取得这样的成果十分吃惊，多谢您的书。

下午4:08

谢谢你反馈。你这段文字我截屏，印在第二本书上没问题吧？

没问题，但是不要带上我的头像😂

头像打马赛克 **万**

一直没在群里发问，是因为我觉得书十分详细了😂

还有的读者，看书之后，现学现卖，被领导表扬了，把功劳归于我这书。

你知道的，老万是个谦谦君子，
人家客气，我觉得特别温暖，
但不能顺水推舟，不能贪天之功。

很多网友打印我的公众号文章，
这可能是促使我写书的重要动力！
不过，老万有必要提醒一下，
如果你们用的是单位的彩色打印机，
千万别让领导和同事看见。

 我还打印过您的公众号文章呢😂

另外，为了节约这本书的篇幅，
我把截屏都大刀阔斧裁剪了，
只留下一两行字的窄小纸条，
想知道裁剪掉的内容是什么吗？
比如，上面打印我公众号文章的这位，
对话发生在老万到他单位讲座之后，
当时的对话非常欢乐、闹腾：

真是太开心见到您本人啦！今天的课很有收获👍👍👍

希望以后有机会再向您学习请教哈😊

欢迎交流，大家都是同事

祝您工作更上一层楼 身体健健康康 多出大作名作哈🤭

嗯嗯 您是大前辈😋

我还打印过您的公众号文章呢😂

现在有书更方便了！

真欢乐👍

总的看，貌似老少兼收、男女通吃。
而且，还有不写材料的也说好，
这我就不懂了，不写材料为啥喜欢？

只看了10页就觉得受益匪浅

虽然目前我并不是一个写材料的

过年还让我儿子好好学习，他在广告公司做策略，整天也需要写东西😊

拿到书有种小时候打开玩具包装的感觉

 迫不及待读了

上面这位，是不是有点太夸张了？
期待这本书就像儿时盼新玩具！
你也太会说话了，我喜欢。
曾有朋友问，你这书要请名人推荐吧？
我说我很想啊，可是出不起代言费。
看了那么多网友的反响，
我心想，这些真情流露的夸奖，

健健康康

玩具

哪位名人也写不出来啊！
什么样的策划、包装、自导自演，
也演不出这样的率真和可爱。

 已有好些朋友准备买书了，有的是买来送人的😁

谢谢你转发推介👍

目标用户很窄的，还能当礼品书？

 抽空读了几页，确实活泼风趣，接地气，👍👍值得一读

最后，有个问题让我也困惑了，
好几位网友都是夫妻共读这本书，
这书需要夫妻双修？没听说啊！

 万兄，书已到，男饲养员翻了两页，被惊艳了😝

上面的，是女网友变相赞扬老公，

 🔊 双修 ↖

看来对自己的另一半知识崇拜。

 连我老婆在边上看到，这书有创意，👍

这位是老万的高中老同学，
到上海开过广告公司，
现在还负责运营企业的公众号。
他自己夸我还不够，
非要强调他夫人的评价。
我离开家乡多年，老同学走动少了，
也不认识他夫人，金屋藏娇。

 🔊 金屋藏娇 ↖

后记 1
写材料者的典型症状

写材料的人在某个阶段会进入业务瓶颈期，
出现这种情况，往往自己难以觉察。
去年，老万被同事叫去担任招聘的面试官，
让我更看清了自己，至少是曾经的自己，
也顺便提醒可能处在这个阶段的网友。

该同事当时调到一个新组建的单位当领导，
写材料岗位急于招聘一个得力助手。

当面试官、掌握别人的生
杀大权是不是很爽？

压力很大，怕选错人，怕
同事质疑我水平。

十几个应聘者都过了一遍之后，
我和同事交换了一下眼神，

不约而同看中同一个人！没分歧真万幸。
学历简历？步态？眼神？言辞？语音？
气质？精气神？直觉？第六感？
他！是一个十分典型的写材料的人！

就凭简历和十分钟交谈，
怎么能给一个人贴标签呢？

察己知人，长期写材料，
也许对同类有了超感知能力？

那么，像这样的典型写材料者，
老万从他的简历以及十分钟的言谈举止，
能够推演出他日常工作中哪些表现：

他对待公文条例、文字规范比较虔诚，
在工作中经常对照检查，非常自觉，
他看到"的地得"被错用，觉得很别扭，
还经常当面向别人指出格式错误，
也不考虑别人感受，像是条例的护法金刚。
有微信后，他又添新毛病，收藏夹里有：

《新华社公布最新一批禁用词》
《新华社最新标点符号规范》
《公文常见格式错误 100 例》

他写材料的效率不太高。比如，
他总想把第一稿写得好一些，减少后续修改，
而科长希望早点见到他的初稿，
可以早点修正偏差，防止错得太远。

还有，他往往在细节问题上费时过多，
比如，整理领导会议讲话录音，
对领导的习惯性口语、个性化用语，
非常小心地查阅、对照、求证，
千方百计想做到古人所说的信达雅。
而科长和其他同事却不在意这类细节，
只要能够准确体现领导意图就行，
而不会为了一两个词语费太多时间。

他自己考据不过瘾，还找同事讨论，
被问急了，同事一时慌不择言：

哎呀！这种会议本来就没人仔细听，
讲话录音整理发下去也没人看，
会开过、媒体报道了，这事就算翻篇了。
况且，已经发文了嘛，开会只是走个形式，
你又何必认真抠字眼呢。

动员大会纯粹就是形式主义。

也不尽然，媒体一报，相
当于广告，对招商有实际作用。

他在与同事合作写材料的时候，
总是思考犄角旮旯问题，操心操偏了。
比如，成稿之后，大家都很累，东倒西歪的，
这时，科长还让大家再最后看一遍。
这时，他提的大多是形式问题、锦上添花的、
可有可无的"磨"的建议。
比如，磨大小标题的字数相同、排比对仗，
磨每个段落的篇幅相对均衡，

并希望每段最后一行结束在靠中间的位置，
凡是看到段落的最后一行剩一两个字，
或者差一两个字就满行了，
很难受！非改不可！不改就手痒、心痒。
这一改，就要对整个段落进行增删调整，
全然不觉得自己是在削足适履，
也没觉察到同事们已经很不耐烦，
包括科长也想早下班啊！

反观他的同事，有的关心对策措施是否可行，
有的检查逻辑上有没有打架的地方，
关心各级领导在文稿出现的位置和次数，
还有哪些部门和单位被漏掉了，
漏了就得罪人，得罪人自己还不知道。

稿子里怎么没提我们局？
好歹也是领导小组成员单位。

抱歉哦！记不住，领导小
组实在多如牛毛。

领导小组成员 ▸

他想问题总是钻牛角尖。比如，
问题导向、需求导向这样常用的提法也质疑，
他觉得问题导向的潜台词是，
默认咱们各级各单位都是救火大队，
只顾得上应付着急上火的事，
基层基础工作总是得不到应有重视。
他觉得需求导向也有点含糊，
没有区分显性需求和隐性需求，
没有区分真实需求与虚张声势的需求，
会哭的孩子有奶吃，老实人吃亏。

增强集成电路产业发展集中度、显示度的提法，
他也觉得有问题，为什么要增强显示度？
做工作追求显示度会不会有歧义？
是提倡多做那些看得见的表面文章吗？
那么，打基础、利长远的事谁做？

类似的质疑，还有很多，
他觉得自己注意到了别人疏忽的细节。

集中度 ▸

这个新提法，好像有问题吧。

写新提法，说明你刚才听传达听得认真，说明紧跟上级的最新精神。

他问同事，同事轻描淡写说：抄文件没错！
按领导说的写也没错，可以少犯错误。

敏锐的同事怕被他认为太油滑、势利眼，
赶紧补充：也不光为了表明紧跟上级，
你应该把显示度与集中度结合起来理解，
引导同类企业在某区域集中，就容易形成规模，
有利于形成完善的产业链，发挥集聚效应，
而一旦成规模了，就相当于立了flag，
想藏也藏不住，自然就有了显示度，
上下游企业自然都来扎堆，
就连开餐馆也是这样，扎堆才好做生意。

显示度

请问咱们这个城市哪里可以吃到特色美食？

回民街！百十来家餐馆，什么风味都有。

对同事的这种解释，他感到豁然开朗，
仔细想想还真是这么回事！然后责怪自己：
对呀！在机关工作，立场非常重要，
立场决定了观点、思路、方法，
勤思考、爱质疑是对的，但不要走极端，
总是抱着挑剔态度看问题，往往会失之偏颇，
你想啊，从那么高层面传达下来的文件，
经过那么多牛人起草、牛人修改完善的材料，
不可能、也绝不会留下如此低级的错误。

类似的问题，之前有好心的同事提醒过的，
怎么又忘了呢？还是不够灵活变通啊！
还是智商情商和性格上的问题啊，

偏颇

听不进别人的劝说，听进了也容易忘，
像弹簧似的，不常拉，就缩回去了。

老万，你自己算不算典型的写材料者？

当然！否则哪来那么透彻的领悟？

你能意识到，说明已经不是了吧？

至少，曾经是的。

典型写材料人的以上几条，共同点是：
喜欢固有的、静止的、整齐划一的；
而对灵活的、变化的东西难以适应，
这样的滞后、迟缓，有时被自己当成坚守。
会不会与《读者》杂志看得太多有关？

典型

你同事为什么录用这种典型的写手？

大概用起来既顺手又放心吧。

以上个性特点，与写材料岗位是合拍的，
喜静不喜动，决定了不太会跳槽，
一般很能吃苦，而且晋升慢也没问题，
他被自己的人设和道德感绑架着，
不屑于、不好意思向领导伸手要职务，
也不会故意对工作不负责任。
他读了很多人文社科的书，以及鸡汤，
有自愈的机制，就像张靓颖唱的：

泪、就让它往下坠，溅起伤口的美，
我的梦说，别停留等待，
就让光芒折射泪湿的瞳孔，
映出心中最想拥有的彩虹。

人设

典型写材料者很吃亏啊！你是提醒我避免这个拉美陷阱？

你想多了，你的问题是尽快成为合格的写手。

对于写材料没怎么入门的新进文秘来说，
暂时还不必担心以上的典型陷阱。
新人需要跟着带教老师多写、多问，
掌握任何技能都需要刻意练习，躲不过去的。

带教老师是自己的领导，怕挨批评怎么办？
那可以找像万华这样的热心网友交流，
他的讲解，一是权威，二是容易听懂。

符合或基本符合上述情况的人，该怎么办？
老万的这本书，就是要解决这个问题。

从书名看，写作模板，好像都是套路，

刻意练习

好像是一套工具，拿来就用现成的。
这样理解基本是对的，但不全面。
一方面，老万的书中确实提供了大量模板，
把写材料这件事，部分地变成做填空题，
让你省去了无从下笔的烦恼，
让你极大地节约布局谋篇的时间精力。
顺着模板写出来的材料，大方向不会错，
让你的上司一看，就知道在路子上。

而且，老万所总结的模板，
是全新的视角、市场上独创的，
每种模板，都是对该种材料本质的揭示，
让人知其然、也知其所以然，
对初学者有醍醐灌顶的启蒙作用。

另一方面，老万的模板并非包办代替，
在框架结构的下一个层次，
那些需要填空的内容，情况千差万别，
还有很大的发挥主观能动性的空间。
所以，好学并且希望亲自实践的年轻人，

启蒙

不必担心自己被"惯坏"的风险。

其实，老万在分析模板的同时，
也分析文稿的内在肌理，
分析为什么要按照这个结构写，
其中隐含的传统文化和体制烙印，
让你在学习写材料的同时，
顺带了解机关生态、职场本质。

后记2
建议你保持不断吃小亏的状态

后记1写给像我一样天资不足的朋友，
很残酷地提示了职场竞争力的不足，
职务晋升会比较慢，会吃很多亏。
指出问题，老万还要配套给你一点建议，
随意一说，仅供参考，别太当真就行。

给建议之前，还是要进一步确诊，
不量体温，不照CT，更没有核酸检测，
像老万一样天资不足的写材料者，
会有些共同特征，请对照检查：

话少，说话声音很低，还容易脸红。

这里所说的低，不是音调高低的低，
是声音强弱的弱，低声下气的，
不占道理的时候低，占理也低，

经常不能确定自己占不占理。

能遇到和善的领导算是走狗屎运，

在强势的领导和同事面前，

你经常都听不见自己的说话声音。

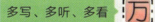 多写、多听、多看 万

 万老师怎么看待写材料人的地位问题

不太注意身边环境和人的变化。

单位的人事变动，你总是最后知道，

尤其对层级比较高的人事变动不敏感，

其实，你内心也并不特别想提前知道，

你觉得他们的变动和你关系不大，

早知道晚知道没什么两样。

你对明星八卦和单位八卦都不感兴趣，

因为你从来就觉得那些不是正经事。

🔊 敏感 ▸   😀 ➕

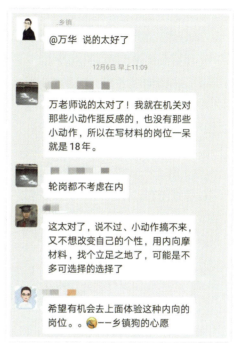

_乡镇
@万华 说的太好了

12月6日 早上11:09

万老师说的太对了！我就在机关对那些小动作挺反感的，也没有那些小动作，所以在写材料的岗位一呆就是18年。

轮岗都不考虑在内

这太对了，说不过、小动作搞不来，又不想改变自己的个性，用内向摩材料，找个立足之地了，可能是不多可选择的选择了

希望有机会去上面体验这种内向的岗位。。——乡镇狗的心愿

你和别人聊天，只顾自己一直说，

不会去注意观察对方表情的微小变化，

对方不耐烦或者生气了你也不知道。

遇到一个半新不旧的朋友，谈得特别投机，

🔊 小动作 ▸   😀 ➕

你没怀疑是真投机还是对方迎合或敷衍，
你好像天生就顾不上想这些，
顾不上眼观六路耳听八方。
其实，这就是硬盘不够，内存也不够。

朋友不多，包括酒肉朋友算在内。

生活比较单一，没什么业余爱好，
不良嗜好没有，健康的爱好也没有，
不抽烟，酒量一般，喝什么茶都一个味，
只会几首老歌，二十年前的那种老，
对于近几年的网红，基本不知道，
也没想通他们为什么会有粉丝。

太过专注于某一事物也就罢了，
问题是你啥也没怎么用心，啥都不入脑，
你没有被什么额外的事分心，
连自己的想象世界也不太丰富。
晚饭后常常就在电视机前耗着，

硬盘

明知道没有好节目，仍然不断换台，
从七点到十点，没完整看过一个节目。
住宾馆的时候更是如此，
因为没有家人制止你频繁换频道。

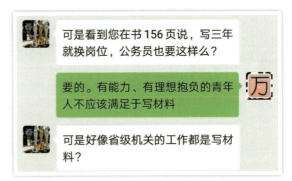

可是看到您在书 156 页说，写三年就换岗位，公务员也要这样么？

要的。有能力、有理想抱负的青年人不应该满足于写材料

可是好像省级机关的工作都是写材料？

打扑克输多赢少，沮丧多、开心少。

打扑克、下象棋、打麻将、打保龄球，
凡是能分出输赢的事，你都不占优，
就连童年摸螺蛳钓鱼每次都比伙伴收获少。

牌场上的表现最能说明问题，

沮丧

牌场就是职场，牌桌就是人生。
打扑克的时候记不住牌，也算不清牌，
觉得不是正事，从来没想学精一点，
烂牌不会打，好牌也打不出应有的战果。
主观上，从不试图偷看对手的牌，
自己的牌被偷窥了也没察觉，
牌抓在手里很紧，始终紧盯着，
好像老师布置你要背诵默写似的，
其实，并没有想出什么妙招。

不观察搭子的暗示和对手的手势，
不善于判断对手放的烟幕弹，
不去观察辨别对手的面部表情，
不会读脸、更不会读心，心多深啊！
其结果当然就是，输多赢少，
经常被嘲笑、被搭子批评，甚至闹掰。
有一句不怎么有名的名言是这样的：
在一个小范围的、相对固定的人群中，
如果你找不出谁是冤大头，

 冤大头

那么你就是那个冤大头。

对的，以上写的就是我自己！

说相声有个规矩，不好的就归自己，
要么贬损自己，要么贬损捧哏，
不可以讽刺别人，别人要找上门来，
也不可以贬损观众，观众是衣食父母。

写材料者的以上不足，就是老万的写照。
如果以上情况你大部分都符合，
那么，老万是不是有什么灵丹妙药？
对不起了，不但没有好的办法，
老万还想告诉你，再怎么努力都白搭！
因为你的性格很难改变，
那是基因决定的，家族给的。
你唯一能做的就是保持吃亏的状态！
是不是很悲观？是的，但也没法。

 基因

之前也有许多网友问，中高级机关不都是写材料吗？怎么做到写几年以后都换岗位？换到哪里不都是写材料吗？除非 离开公务员队伍。

艺

😁结合核心业务吗？

不同的岗位的写材料概念不一样，在　　写材料，大家今年写的　　材料，与几年前写的　　材料、███ █材料、█　材料，都是一样的规律，对自己的业务能力提升一般来说 是不大的，要想提升只能是对语言的驾驭能力、逻辑思维能力提升了，这不是我所说的业务。我说的业务岗位是那些针对项目的、针对政策的、政策具体事项提出解决方案的业务。

老万真心劝告你，不要试图撕破脸！

一台旧电脑，在不能换零件的情况下，
想要运转得更好，唯一的办法是，
卸载不必要的功能，减少运转负担。

太多的技能顾不上学习，也掌握不好；
太多的工作不能胜任，完成不好；
太多的人际关系应付不了，得罪人也不知道。
那就缩小学习范围，缩小交友圈，
专门做自己能胜任的、感兴趣的事，
再把职业目标定得低一点，
并且尽自己所能，把它做得更好。

12月7日 早上08:52

看了万老师关于材料人地位性格命运未来的分析，真是又心酸又服气。

千万不要抱怨组织对不起你，
千万不要认为竞争对手给你小鞋穿。
你的对手只不过是表现出人的本能，
换作是你，你和他也差不多，
你不必过于计较，更不要撕破脸，
把关系搞僵后，你还会继续吃更大的亏，
后续的局面是你应付不了的，

你的内存不够，内心也不够强大。
他的胜出，自有他的付出，
你只看到他的白天和得意的一面，
你没看到他的不为人知的付出。

我没读过金庸，看别人用我也借用：
他忙由他忙，清风拂山冈；
他强由他强，明月照大江。

说出以上这些，老万自己也觉得违和，
机关大多数人尤其位置高的人，不会这样讲，
即便讲，也是在他们同等圈子里讲，
让文秘新人听到，有失体面。
这种残酷的但是揭示本质的话，
只能由老万来讲——我容易吗你说。
以上分析，只是最底线，是打疫苗，
你千万不要被这些吓着，
其实，职场从来不乏春风和阳光，
既然已经做文秘，那就安心写材料吧。

强大

大家既然已经在文字工作岗位上了，不管是必然的、还是偶然的，其实都是一种必然，说明你的性格适合写材料、或者说、在领导眼里、群众眼里你就是适合写材料，你想改变性格，很难的。

材料写得好，成长进步快。

反过来说，一个内心不够强大的人，如果连写材料都不会，说也说不过人家、小动作也做不过人家、写也写不过人家，那么进步的机会就更少了。所以说，对于内向的人、柔弱性格的人，写材料几乎是唯一在机关安身立命的技能。

 长沙读者

老师说得太对啦，不过一个材料高手，在单位只要不太高调，还是很受人欢迎的😂

@王小倩 你肯定很受欢迎

最后这位长沙读者很暖心，
给写材料同行带来一抹职业亮色。
情况的确如她所说，
写材料的人在机关很受欢迎！

暖心

· 243 ·

经常有企业老总或机关办公室主任找我，
他们知道我认识的文秘新人多，
所以让我推荐写手，他们要挖"角"。
这些人之前自己就是写手，
认识我的，大多是写材料同行。他们说：
找个合格写手比物色科长还难。

作为老总或主任，居然还得亲自写稿子，
这让他们无法忍受，一点也不能等！
不是因为忘本了不想写，主要是没时间，
当老总或主任，千头万绪一大摊事情，
根本没空坐下来，根本没办法写，
一般水平的又看不上，所以必须马上招人，
"待遇可以谈，只要肯来就行！"

待遇

图书在版编目（CIP）数据

写材料算怎么回事：公文写作模板 / 万华著. —— 上海：
上海三联书店，2020.6
ISBN 978-7-5426-7052-6

Ⅰ.①写… Ⅱ.①万… Ⅲ.①国家行政机关—公文—写作
Ⅳ.①H152.3

中国版本图书馆CIP数据核字(2020)第085087号

写材料算怎么回事：公文写作模板

著　　者 / 万　华
卡通绘制 / 彭船洋

责任编辑 / 郑秀艳
装帧设计 / 一本好书
监　　制 / 姚　军
责任校对 / 王凌霄

出版发行 / 上海三联书店
　　　　　（200030）中国上海市漕溪北路331号A座6楼
邮购电话 / 021 – 22895540
印　　刷 / 上海南朝印刷有限公司

版　　次 / 2020 年 6 月第 1 版
印　　次 / 2020 年 6 月第 1 次印刷
开　　本 / 710 X 1000　1/16
字　　数 / 150 千字
印　　张 / 15.75
书　　号 / ISBN 978-7-5426-7052-6/H•92
定　　价 / 60.00 元

敬启读者，如发现本书有印装质量问题，请与印刷厂联系 021 – 62213990